BEI GRIN MACHT SICH IHR WISSEN BEZAHLT

- Wir veröffentlichen Ihre Hausarbeit, Bachelor- und Masterarbeit

- Ihr eigenes eBook und Buch - weltweit in allen wichtigen Shops

- Verdienen Sie an jedem Verkauf

Jetzt bei www.GRIN.com hochladen und kostenlos publizieren

Bibliografische Information der Deutschen Nationalbibliothek:

Die Deutsche Bibliothek verzeichnet diese Publikation in der Deutschen Nationalbibliografie; detaillierte bibliografische Daten sind im Internet über http://dnb.d-nb.de/ abrufbar.

Dieses Werk sowie alle darin enthaltenen einzelnen Beiträge und Abbildungen sind urheberrechtlich geschützt. Jede Verwertung, die nicht ausdrücklich vom Urheberrechtsschutz zugelassen ist, bedarf der vorherigen Zustimmung des Verlages. Das gilt insbesondere für Vervielfältigungen, Bearbeitungen, Übersetzungen, Mikroverfilmungen, Auswertungen durch Datenbanken und für die Einspeicherung und Verarbeitung in elektronische Systeme. Alle Rechte, auch die des auszugsweisen Nachdrucks, der fotomechanischen Wiedergabe (einschließlich Mikrokopie) sowie der Auswertung durch Datenbanken oder ähnliche Einrichtungen, vorbehalten.

Impressum:

Copyright © 2012 GRIN Verlag
Druck und Bindung: Books on Demand GmbH, Norderstedt Germany
ISBN: 9783656207696

Dieses Buch bei GRIN:

https://www.grin.com/document/195005

Danny Nauth

Durch die Augen meines Kunden

Praxishandbuch für Usability Tests mit einem Eyetracking System

GRIN Verlag

GRIN - Your knowledge has value

Der GRIN Verlag publiziert seit 1998 wissenschaftliche Arbeiten von Studenten, Hochschullehrern und anderen Akademikern als eBook und gedrucktes Buch. Die Verlagswebsite www.grin.com ist die ideale Plattform zur Veröffentlichung von Hausarbeiten, Abschlussarbeiten, wissenschaftlichen Aufsätzen, Dissertationen und Fachbüchern.

Besuchen Sie uns im Internet:

http://www.grin.com/

http://www.facebook.com/grincom

http://www.twitter.com/grin_com

HOCHSCHULE für angewandte Wissenschaften

Würzburg-Schweinfurt

Fakultät Informatik und Wirtschaftsinformatik

Bachelorarbeit im Studiengang

Wirtschaftsinformatik

Einsatzmöglichkeiten und Grenzen einer Usability Software am Beispiel Tobii

Verfasser:	Danny Nauth
Abgabetermin:	27. März 2012

Nauth Danny

Thema der Bachelorarbeit

Einsatzmöglichkeiten und Grenzen einer Usability Software am Beispiel Tobii

Kurzzusammenfassung

Dass Software das Leben erleichtert, ist schon lange bekannt. Dass sie aber die Möglichkeit bietet, bei der Optimierung von Internetauftritten, die eigene Website durch die Augen des Users zu sehen, ist ein wahrer Segen. Aus diesem Grund geht diese Arbeit nicht nur auf die Themen Usability und Eyetracking als Beispiel einer Usability Software ein, sondern liefert zudem einen Leitfaden für den eigenen Usability Test sowohl für Einstiegstests als auch für umfangreiche Untersuchungen. Dabei werden die Vorbereitung, die Durchführung und das Auswerten eines Usability Tests Schritt für Schritt erläutert. Darüberhinaus findet sich am Ende dieser Arbeit ein selbstdurchgeführter Usability Test einer Website mittels eines Tobii Eyetracking-Systems, welcher als praktisches Beispiel die zuvor beschriebene Vorgehensweise beim Usability Testing verdeutlicht.

Nauth Danny

Title of the paper

Capabilities and limitations of usability software using the example of Tobii

Abstract

It is a well-known fact that software makes life easier. But the fact that for optimizing your internet presence software makes it possible to see your website through your users' eyes is a true blessing. That is why this paper does not only consider the topics of usability and eye tracking as an example of usability software, but also offers a guideline for your own usability test, whether it is a preliminary test or extensive research. Preparations, implementation, and analysis of a usability test will be explained step by step. Furthermore, this paper includes a self-conducted website usability test with a Tobii eye tracking system. As a practical example this test will illustrate the described procedures of usability testing.

Inhaltsverzeichnis

1 Die Bedeutung des Onlinemarktes..- 8 -
   1.1   Motivation ....- 8 -
   1.2   Gliederung der Arbeit..- 9 -
2   Usability – Eine grundlegende Betrachtung ....- 10 -
3 Eyetracking – Einsatzmöglichkeiten und Grenzen ....- 12 -
   3.1 Die Entwicklungsgeschichte des Eyetrackings ....- 12 -
   3.2 Grundlegendes zum menschlichen Auge ....- 13 -
      3.2.1 Der Aufbau des Auges..- 14 -
      3.2.2 Die Funktionsweise des Auges ....- 16 -
      3.2.3 Die Blickbewegungen des Auges..- 17 -
   3.3 Die Techniken beim Eyetracking ....- 18 -
      3.3.1 Die verwendeten Aufzeichnungsgeräte.......................................- 18 -
      3.3.2 Die angewandten Aufzeichnungsverfahren.................................- 19 -
   3.4 Die Anwendungsgebiete des Eyetrackings ....- 21 -
   3.5 Die Ergebnisse aus Eyetracking-Untersuchungen................................- 24 -
   3.6 Die Grenzen des Eyetrackings ....- 26 -
   3.7 Die schnelle Alternative - EyeQuant ....- 27 -
4 Usability Testing – Vorbereitung, Ausführung und Auswertung...............- 28 -
   4.1 Die unterschiedlichen Testmethoden des Usability Testings ....- 30 -
   4.2 Das Vorbereiten eines Usability Tests ....- 36 -
      4.2.1 Die Festlegung von Fragestellungen und Zielsetzungen............- 37 -
      4.2.2 Die Entwicklung eines Testplans...- 37 -
      4.2.3 Die Wahl einer Testumgebung..- 38 -
      4.2.4 Die Rekrutierung der Probanden...- 39 -
      4.2.5 Die Präparierung der Testmaterialien..- 41 -
      4.2.6 Die Voraussetzungen eines Testmoderators...............................- 48 -
   4.3 Das Durchführen eines Usability Tests...- 48 -
   4.4 Das Auswerten von Testergebnissen ....- 51 -
      4.4.1 Die Analyse von gewonnen Daten und Beobachtungen.............- 51 -
      4.4.2 Die Anfertigung einer umfassenden Analyse..............................- 53 -
5 Durchführung eines Usability Tests anhand eines Tobii Eyetracking-Systems...............- 56 -
   5.1 Die Planung und Vorbereitung des Usability Tests ....- 56 -
      5.1.1 Die Vorstellung der zu untersuchenden Website.........................- 56 -
      5.1.2 Die Ziele des Usability Tests ....- 57 -
      5.1.3 Die verwendeten Testmaterialien ....- 57 -

5.1.4 Das verwendete Equipment ... - 59 -
5.1.5 Das Einrichten des Projekts in Tobii Studio ... - 60 -
5.2 Der Versuchsaufbau der einzelnen Tests ... - 60 -
5.2.1 Der Spontaneous Looking Test ... - 61 -
5.2.2 Der Task-Oriented Looking Test ... - 61 -
5.3 Die Durchführung des Usability Tests ... - 62 -
5.4 Die Analyse der Ergebnisse ... - 62 -
5.4.1 Die Auswertung des Spontaneous Looking Tests ... - 62 -
5.4.2 Die Auswertung des Task-Oriented Looking Tests ... - 65 -
5.4.3 Die Auswertung der Fragebögen und Interviews ... - 70 -
5.4.4 Die abgeleiteten Handlungsempfehlungen ... - 71 -
5.4.5 Die Priorisierung der Handlungsempfehlungen ... - 73 -
5.5 Die aufgetretenen Probleme ... - 74 -
6 Zusammenfassung und Fazit ... - 76 -

Abkürzungsverzeichnis

AOI	Area of Interest
CTA	Call-to-Action
HCI	Human-Computer Interaction
IE	Internet Explorer
IR	Infrarot
ISO	Abkürzung für die internationale Organisation für Normung
KPI	Key Performance Indicator
LP	Landing Page
MTP	Midas-Touch Problem
UV	Ultraviolett
UX	User Experience

1 Die Bedeutung des Onlinemarktes

Mit der raschen Entwicklung des Internets und der darauffolgenden Durchdringung sämtlicher Bevölkerungsschichten, begann der Aufschwung des Onlinemarktes. Dessen Bedeutung wird den heutigen Unternehmen zunehmend bewusst und sie richten deshalb immer stärker ihren Fokus auf das Onlinegeschäft. Allein im Jahre 2010 wurden bereits 18% des Gesamtumsatzes in Deutschland über Electronic-Commerce (E-Commerce) erwirtschaftet.[1]

1.1 Motivation

Mit dem wachsenden Onlinemarkt nimmt auch die Bedeutung des Online Marketings immer deutlicher zu. Während es vor ein paar Jahren noch ausreichend erschien, lediglich im Internet präsent zu sein, ist es heute notwendig sich gegen eine große, starke und vor allem innovative Konkurrenz durchzusetzen. Um dies zu ermöglichen, hat sich das Online Marketing im Laufe der Zeit zu einer sehr wichtigen, aber auch sehr komplexen Disziplin entwickelt, bei der die verschiedensten Facetten berücksichtigt werden müssen. So ist beispielsweise die Linkstruktur, sowohl innerhalb der Website als auch nach außen, der Inhalt (Content) des Webauftrittes sowie die Richtlinien der Suchmaschinen zu berücksichtigen. Vor allem Google spielt hier eine große Rolle mit einem Marktanteil von ca. 93% in Deutschland.[2] Neben all diesen Aspekten tritt jedoch Eines immer mehr in den Vordergrund: die Frage, wie einfach und intuitiv kann ein Websitebenutzer (User), die von ihm aufgerufene Seite[3] bedienen. Der einfache Umgang mit einer Website ist vor allem auch deshalb wichtig, da es meist eine große Konkurrenz gibt, die nur wenige Klicks entfernt ist[4]. Um nun die Benutzerfreundlichkeit (Usability) eines Webauftrittes bestmöglich zu gestalten, ist es wichtig, die Bedürfnisse der User zu erkennen und deren Verhalten zu verstehen. Genau an dieser Stelle setzt das Usability Testing an und ermöglicht es, mittels softwaregestütztem Eyetracking, die eigene Seite durch die Augen des Users zu sehen. Folglich kann mit den daraus resultierenden Ergebnissen die Webpräsenz nach den Wünschen und Bedürfnissen der Kunden optimiert werden.

---

[1] URL: http://www.bitkom.org/de/markt_statistik/64038_68456.aspx [31.10.2011].
[2] URL: http://www.luna-park.de/blog/1650-europa-suchmaschinen-marktanteile/ [28.02.2012].
[3] Mit „Seite" ist hier die Webseite gemeint. Im weiteren Verlauf der Arbeit wird dieser Begriff synonym verwendet.
[4] Vgl. Kanning, Tim: Die Konkurrenz ist nur einen Klick entfernt (22.3.2010), Online im WWW unter URL: http://www.faz.net/aktuell/rhein-main/wirtschaft/werbemarkt-im-internet-die-konkurrenz-ist-nur-einen-klick-entfernt-1954573.html [13.02.2012].

Auf Grund dieser großartigen Möglichkeiten, die das Eyetracking ermöglicht, befasst sich diese Arbeit mit den Einsatzmöglichkeiten, aber auch den Grenzen einer Usability Software, wie beim Eyetracking, und verdeutlicht dies anhand einer empirischen Studie.

1.2 Gliederung der Arbeit

Der Aufbau dieser Arbeit besteht im Wesentlichen aus fünf Teilen, die im Folgenden kurz erläutert werden sollen.

In Kapitel zwei findet eine grundlegende Betrachtung des Begriffs Usability statt, bei der die Herkunft und die vielfältigen Verwendungsmöglichkeiten des Wortes diskutiert werden. Am Ende dieses Kapitels befindet sich eine mögliche Definition des Begriffs Usability von Jakob Nielsen.

In Kapitel drei werden dem Leser die Grundlagen, also die Begrifflichkeiten und Zusammenhänge, vermittelt, die für das Verständnis und die Nachvollziehbarkeit dieser Arbeit nötig sind. Dabei wird zunächst der Begriff Eyetracking und dessen Entwicklungsgeschichte (Abschnitt 3.1) erläutert. Anschließend wird auf die Grundlagen des menschlichen Auges (Abschnitt 3.2) eingegangen sowie den Techniken (Abschnitt 3.3) und den Anwendungsgebieten des Eyetrackings (Abschnitt 3.4). Am Schluss des Kapitels werden die Ergebnisse aus Eyetracking-Untersuchungen (Abschnitt 3.5) und die Grenzen des Eyetrackings (Abschnitt 3.6) betrachtet sowie eine Alternative zu dieser Methode vorgestellt (Abschnitt 3.7).

Das Kapitel vier befasst sich mit der Vorgehensweise beim Usability Testing, in dem die wichtigsten Gesichtspunkte theoretisch erklärt werden. Es werden dabei die unterschiedlichen Usability Testmethoden (Abschnitt 4.1) betrachtet sowie die Vorbereitung (Abschnitt 4.2), Durchführung (Abschnitt 4.3) und Auswertung (Abschnitt 4.4) eines solchen Tests näher erläutert.

Im fünften Kapitel wird weitestgehend versucht, die in Kapitel vier theoretisch dargestellten Vorgehensweisen in einem praktischen Usability Test mittels Eyetracking umzusetzen.

Abschließend befinden sich in Kapitel sechs eine Zusammenfassung der Arbeit sowie ein Resümee.

2 Usability – Eine grundlegende Betrachtung

Die im deutschen Sprachgebrauch am häufigsten verwendete Übersetzung lautet, Benutzerfreundlichkeit. Es ist allerdings sehr schwer den Begriff Usability genau zu definieren. Generell wird zwar mit Benutzerfreundlichkeit eine Serviceorientierung ausgedrückt, jedoch nicht die Notwendigkeit der Kundenorientierung, die das englische Wort vermittelt. Um die volle Reichweite dieses Begriffes zu erfassen, sollte deshalb die Herkunft dieses Wortes betrachtet werden, die sich aus den beiden englischen Worten *to use* und *ability* zusammensetzt.[5]

to use = [be-]nutzen, gebrauchen, verwenden[6]
ability = die Fähigkeit, das Können[7]

Aus den Bedeutungen dieser beiden Worte haben sich die unterschiedlichen Übersetzungsmöglichkeiten des Begriffs Usability entwickelt. Beispielsweise die Bedeutung *Benutzbarkeit* in der internationalen Norm ISO 9126[8], in der Benutzbarkeit als die Summe aus Effektivität und Effizienz definiert wird, oder auch die Bedeutung *Gebrauchstauglichkeit* in der Norm ISO 9241, die die Kriterien für das Design ergonomischer Benutzerschnittstellen festlegt.[9] Zugleich wird der Begriff Usability im Zusammenhang mit der Softwareentwicklung auch als *Software-Ergonomie* bezeichnet.

Leider greifen auch diese Begriffe nur auf einer technischen Ebene. So schaffen es zwar solche Normen einen einheitlichen Standard herzustellen, können jedoch nicht per se eine gute Usability garantieren. Um diese jedoch zu erreichen, müssen auch psychologische, sog. weiche Faktoren, berücksichtigt werden, wie Intuition und Ästhetik. Dabei stellt sich, neben der reinen Handhabbarkeit, die Frage: Wie wird der Benutzer am besten angesprochen?[10] Eine große Hilfe ist hier die Farbenlehre sowie die Wahrnehmungspsychologie, aus der zum Beispiel anhand ihrer

---

[5] URL: http://www.handbuch-usability.de/begriffsdefinition.html [13.02.2012].
[6] Vgl. Dudenredaktion/Oxford University Press, 2005, S. 1678.
[7] Vgl. Dudenredaktion/Oxford University Press, 2005, S. 883.
[8] Sämtliche Normen der internationalen Organisation für Normung sind in der Datenbank auf ihrer offiziellen Internetseite www.iso.org zu finden.
[9] Vgl. Herczeg, 2006, S. 5.
[10] Vgl. Puscher, 2009, S. 15.

Gestaltgesetze[11](Abb. 1) grundlegende Konventionen abgeleitet werden können.[12]

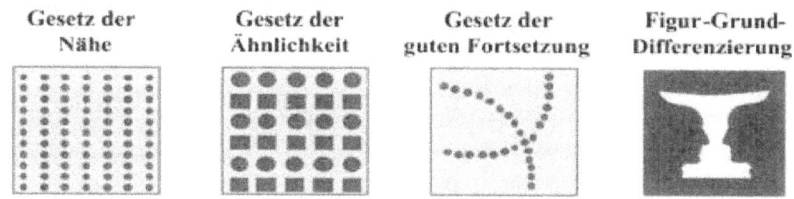

Abbildung 1: Gestaltgesetze.[13]

Dennoch wird es stets notwendig sein, die einzelnen Produkte oder Websites auf die Wünsche und Fähigkeiten der individuellen User zu testen (siehe Kapitel vier) und anzupassen. Auf Grund der weitreichenden Bedeutung dieses Wortes, sprechen Usability-Forscher zunehmend von einer "User Experience".[14] Aus dieser Sichtweise heraus könnte sogar soweit gegangen werden, dass Usability als allumfassender „Maßstab der Qualität des Kontakts zwischen Anbieter und Nachfrager, der Total User Experience"[15], angesehen wird. Dieser Ansatz ist aber für die praktische Umsetzung nicht anwendbar. Demzufolge ist die Verwendung des Begriffs der Benutzerfreundlichkeit im Zusammenhang mit einem Produkt oder einer Website vollkommen ausreichend.

Jakob Nielsen, einer der anerkanntesten Usability-Forscher weltweit, definiert Usability ebenfalls nicht als einen einzigen festgelegten Terminus, sondern als einen Begriff, der aus vielen Bestandteilen besteht und klassischerweise in Verbindung mit den fünf folgenden Eigenschaften gebracht wird. Diese wären:

- **Erlernbarkeit**: Ein System sollte so schnell und einfach wie möglich von einem Benutzer erlernt werden können, so dass dieser umgehend damit arbeiten kann.

- **Effizienz**: Ein System sollte effizient zu bedienen sein, so dass der Endnutzer möglichst produktiv mit dem System arbeiten kann.

---

[11] Eine Erläuterung dieser Gesetze befindet sich im Anhang.
[12] Vgl. Wünschmann/Schwarz/Müller, 2008, S. 111.
[13] Ebenda.
[14] Vgl. Puscher, 2009, S. 15.
[15] Puscher, 2009, S. 15.

- **Einprägsamkeit**: Die Erlernbarkeit eines Systems sollte ebenfalls so einfach sein, dass auch Gelegenheitsnutzer jederzeit wieder das System nutzen können, ohne alles erneut lernen zu müssen.

- **Fehler**: Ein System sollte eine möglichst niedrige Fehlertoleranz aufweisen und auch bei Fehleingaben eines Users nicht zusammenbrechen. Das Auftreten schwerwiegender Fehler ist dabei vollkommen zu vermeiden.

- **Zufriedenheit**: Ein System sollte so einfach zu bedienen sein, dass der User dabei Freude empfindet und somit zugleich in seiner subjektiven Wahrnehmung zufrieden gestellt ist.[16]

Vor allem im Bereich des Internets und des E-Commerce spielt die Usability von Webseiten eine besonders große Rolle. Insofern wird in diesem Kontext auch oftmals von Web-Usability gesprochen (siehe 3.4).[17]

3 Eyetracking – Einsatzmöglichkeiten und Grenzen

Das Messgerät, mit dem die Augenbewegungen aufgezeichnet werden, wird meist als Eye Tracker bezeichnet. Die daraus abzuleitende Disziplin, also die angewandten Verfahren und Vorgehensweisen bei der Aufzeichnung der Blickbewegungen, wird folglich als Eyetracking bezeichnet. Der hierfür verwendete deutsche Begriff ist Blickerfassung oder auch medizinisch Okulographie genannt. Bei der Messung der Augenbewegungen gibt es grundsätzlich zwei unterschiedliche Typen von Aufzeichnungsgeräten, die in Kapitel 3.3.1 näher erläutert werden. Darüber hinaus finden im Bereich Eyetracking viele verschiedene Aufzeichnungsverfahren ihre Anwendung, die in Kapitel 3.3.2 dargestellt werden.[18] Zunächst wird jedoch die Entwicklungsgeschichte des Eyetrackings vorgestellt.

3.1 Die Entwicklungsgeschichte des Eyetrackings

Die Entstehung dieser Disziplin lässt sich bis ins 19. Jahrhundert zurückführen, in dem der Franzose Émile Javal einer der Ersten war, der durch direkte Beobachtung die Augenbewegungen beim Lesen beschrieb. Seither hat sich diese Methode stets weiterentwickelt. Der Russe A. L. Yarbus gilt als einer der großen Pionier auf dem

---

[16] Vgl. Nielsen, 1993, S. 26.
[17] Im Rahmen dieser Arbeit werden die Begriffe Usability und Web-Usability synonym verwendet.
[18] Vgl. Duchowski, 2000, S. II-2.

Gebiet der Blickregistrierung mit hoher Genauigkeit, der insbesondere den Einfluss der Aufgabenstellung auf die Blickbewegungen beim Betrachten von Bildern nachweisen konnte.[19] In folgender Grafik (Abb. 2) sind die Blickverläufe zu sehen, die sich bei der Betrachtung desselben Bildes, jedoch bei unterschiedlichen Fragestellungen, ergaben.

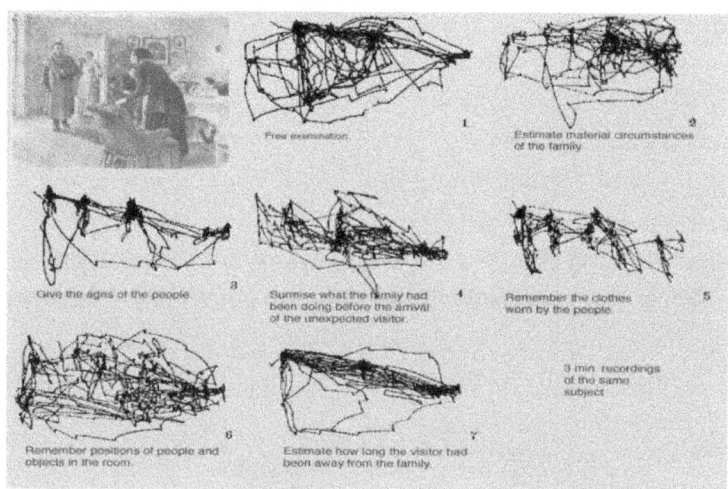

Abbildung 2: Ergebnis einer Blickerfassung bei verschiedenen Fragestellungen.[20]

So wie sich das Eyetracking selbst weiterentwickelt hat, haben sich auch die unterschiedlichen Verfahren, die hier später in Kapitel 3.3.2 vorgestellt werden, weiterentwickelt. Zuvor soll jedoch genauer auf das menschliche Auge und dessen Funktionsweise eingegangen werden, um ein besseres Verständnis für die unterschiedlichen Verfahrensweisen zu erhalten.

3.2 Grundlegendes zum menschlichen Auge

Von allen menschlichen Sinnesorganen ist der Sehsinn, vor allem bei der Mensch-Maschine-Kommunikation (Human-Computer Interaction - HCI), der Wichtigste. Gegenüber den anderen vier Sinnen des Menschen ist das Auge das Organ, das mit Abstand die meisten Rezeptoren und Nervenbahnen besitzt. Somit besitzt das Auge den größten Anteil an der vom Menschen aufgenommenen Information mit einem

---
[19] Vgl. Duchowski, 2000, S. II-2.
[20] Vgl. Duchowski, 2000, S. II-2.

Informationsfluss von 2×10^8 bit/s.[21] Ein Überblick über die menschlichen Sinne und deren theoretischen Übertragungsraten befindet sich in Abbildung 3.

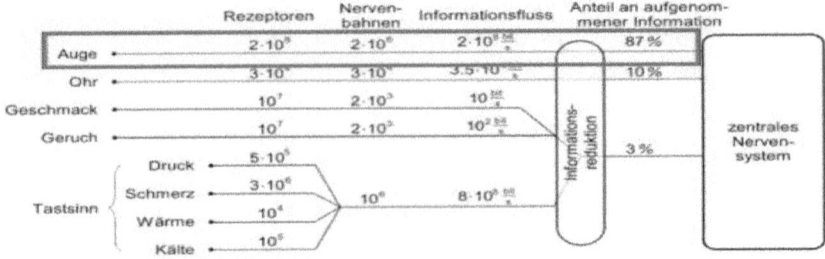

Abbildung 3: Überblick über die Datenraten der Sinnesorgane.[22]

3.2.1 Der Aufbau des Auges

In der folgenden Abbildung (Abb. 4) ist der Aufbau des menschlichen Augapfels zu sehen, der sich in einer knöchernen Augenhöhle des menschlichen Schädels befindet.

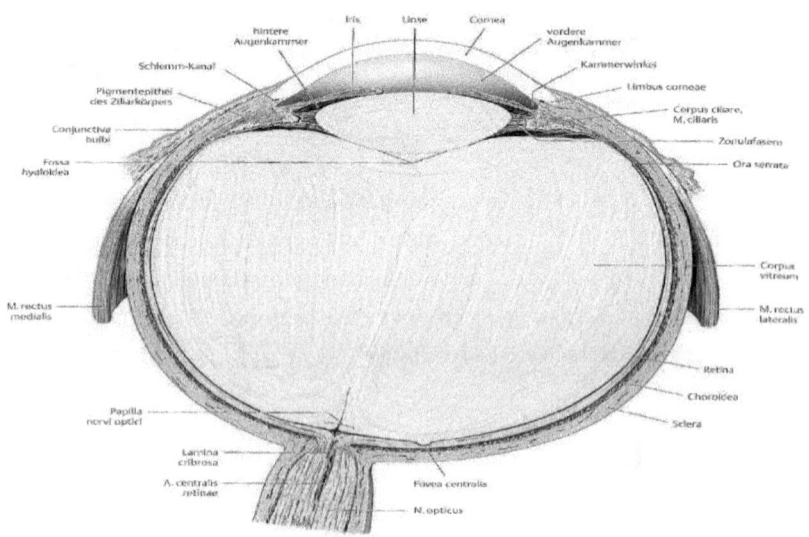

Abbildung 4: Aufbau des menschlichen Auges.[23]

Die wichtigsten Bestandteile des Auges sind: [24]

---

[21] Vgl. Schenk/Rigoll, 2010, S. 43.
[22] Vgl. Schenk/Rigoll, 2010, S. 43.
[23] Vgl. Schünke/Schulte/Schumacher, 2006/2009, S. 124.

Cornea Die *Cornea*, auch *Hornhaut* genannt, ist lichtdurchlässig und schützt die dahinter liegende *Iris*, *Pupille* und *Linse*.

Iris Aufgabe der *Iris* oder *Regenbogenhaut* ist es, die dahinterliegende *Pupille* je nach Lichtverhältnissen mehr oder weniger weit zu öffnen. In einer dunklen Umgebung öffnet die *Iris* die *Pupille* weiter, damit mehr Licht in das Auge einfallen kann. Bei einer hellen Umgebung verkleinert sich die Pupillenöffnung. Dies wird auch als Hell-Dunkel-Adaption bezeichnet.

Ziliarmuskel Die *Ziliarmuskeln* dienen zum Verformen und damit zum Ändern der Brechungseigenschaft der *Linse*.

Linse Die *Linse* bündelt das Licht. Sie kann durch die *Ziliarmuskeln* so verformt werden, dass sowohl weit entfernte als auch nahe gelegene Objekte „scharf" abgebildet werden können, auch Akkommodation genannt.

Glaskörper Das Innere des Augapfels ist mit einer gallertartigen, lichtdurchlässigen Masse, dem *Glaskörper* gefüllt. Er leitet einerseits das Licht gut auf die *Retina* weiter, andererseits stützt er den Augapfel.

Retina Die lichtempfindliche Schicht des Auges wird *Retina* genannt. Hinter einer mit vielen Adern durchsetzten Schicht liegen die optisch aktiven Elemente der *Netzhaut*. Auf der *Retina* gibt es zwei besonders ausgezeichnete Orte:

1. Die *Fovea Centralis*, die im Zentrum der visuellen Achse liegt und die höchste Zapfendichte aufweist. Sie wird deswegen auch „*gelber Fleck*" genannt.

2. Die visuellen Informationen werden durch den Sehnerv aus dem Auge zum Gehirn befördert. An der Stelle, an der dieser das Auge verlässt, liegt der sog. *blinde Fleck*. Dieser wird jedoch nicht bewusst wahrgenommen, da er einerseits durch eine nervöse Vorverarbeitung ausgeblendet, andererseits durch die Gesichtsfelder beider Augen überlagert wird.

Opticus Die visuelle Information der auf der *Retina* sitzenden Rezeptoren wird im *Opticus*, auch *Sehnerv* genannt, aus dem Auge transportiert. An dieser Stelle befinden sich keine lichtempfindlichen Zellen, das Auge kann dort demnach nicht sehen (siehe „blinder Fleck").

---

[24] Schenk/Rigoll, 2010, S. 44f..

Chorioidea Die *Chorioidea*, auch *Aderhaut*, die hinter der *Retina* liegt, versorgt das Auge mit Blut.

Sclera Einen Schutz des Auges bietet die an der Außenseite des Augapfels liegende *Sclera* oder *Lederhaut*."

Der Augapfel kann mit den an ihm verwachsenen Augenmuskeln in verschiedene Richtungen gedreht werden.

3.2.2 Die Funktionsweise des Auges

All diese Bestandteile sind dafür verantwortlich, dass sich das menschliche Auge über ein Wahrnehmungsspektrum (Abb. 5) von ungefähr 380-780nm erstreckt, das in Wellenlängen gemessen wird. In diesem Bereich kann das Auge sichtbares Licht von blau bis rot wahrnehmen. Die davorliegenden, kürzeren Wellenlängen (ultraviolett = UV) und dahinter folgenden, längeren Wellenlängen (infrarot = IR) sind unsichtbar.

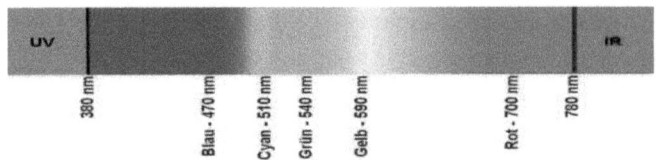

Abbildung 5: Farbspektrum, das für das menschliche Auge sichtbar ist.[25]

Damit das Auge "sehen" kann, werden von der Pupille, die von der Iris gesteuert wird, Lichtstrahlen durch die Linse hindurch auf die Netzhaut gelassen. Auf der Netzhaut befinden sich sog. Fotorezeptoren, die nach Stäbchen und Zäpfchen unterschieden werden. Dabei sind die Stäbchen für das Schwarz-Weiß- und Kontrastsehen zuständig und werden hauptsächlich für das Nachtsehen eingesetzt.[26]

Analog sind die Zäpfchen, die das Farbsehen ermöglichen, insbesondere für das das Sehen am Tag verantwortlich.[27] Die Anzahl der Stäbchen übertrifft dabei die Anzahl der Zäpfchen um ein vielfaches, da sich diese lediglich im Zentrum der Netzhaut befinden, dem sog. gelben Fleck. Dies ist die Stelle des schärfsten Sehens. Das Zusammenspiel von Iris und Pupille sowie Linse und Ziliarmuskeln ermöglichen es dem Auge, den Lichteinfall und die Sehschärfe zu regulieren. Diese Regulation ist notwendig, um die empfindliche Netzhaut vor Überblendung zu schützen und die

---

[25] URL: http://www.puchner.org/Fotografie/technik/physik/licht.htm [23.02.2012].
[26] Vgl. Schenk/Rigoll, 2010, S. 48f..
[27] Vgl. Schenk/Rigoll, 2010, S. 49.

Schärfe des Blicks auf Nah- und Fernsicht zu adaptieren.[28] Die Reize, die von diesen Fotorezeptoren über den Sehnerv an das Gehirn übertragen werden, ermöglichen es dem Menschen zu sehen.

3.2.3 Die Blickbewegungen des Auges

Bei der Wahrnehmung und Verarbeitung der vom Auge aufgenommenen Informationen, kommt es zu sog. Fixationen, Sakkaden und Regressionen. Dabei machen Fixationen und Sakkaden den größten Teil der Augenbewegungen aus.

Bei der Fixation ruht das Auge für einen kurzen Moment von etwa 150-600ms an einem Punkt, um das Bild für die Fovea zu stabilisieren und Informationen aufzunehmen. Es wird davon ausgegangen, dass circa 90% der menschlichen Wahrnehmung aus Fixationen besteht.[29]

Die Augenbewegung während dem Wechsel von Fixationspunkt zu Fixationspunkt nennt sich Sakkade. Diese umfasst eine Dauer von 10-100ms. Währenddessen können keine Informationen vom Auge aufgenommen werden. Solche Bewegungen können bewusst oder unbewusst ausgeführt werden und sind notwendig, um das Auge vor einer Reizüberflutung zu schützen.[30]

Als Regressionen werden die Rücksprünge des Auges zu bereits fixierten Punkten beim Lesen bezeichnet.

Somit "scannt" das menschliche Auge seine Umgebung durch Fixationen, die von Sakkaden und Regressionen unterbrochen werden, ab und setzt die gewonnenen Informationen im Gehirn zu einem räumlichen Bild zusammen.

Der Mensch ist allerdings nicht nur in der Lage die direkt fixierten Punkte wahrzunehmen, sondern auch grobe Strukturen um diese Fixationen herum. Dieser Bereich wird als peripheres Sichtfeld bezeichnet, in dem die menschliche Wahrnehmung sehr empfindlich auf Veränderungen und Bewegungen reagiert. Findet also eine schnelle Bewegung im peripheren Sichtfeld statt, wird automatisch die Aufmerksamkeit darauf gelenkt. In der Natur schützt dieses Verhalten vor herannahenden Gefahren. Bei der Nutzung von Websites kommt es allerdings auch

---

[28] Vgl. Schenk/Rigoll, 2010, S. 45ff..
[29] Vgl. Duchowski, 2007, S. 46f..
[30] Vgl. Duchowski, 2007, S. 42.

zum sog. Vampir-Effekt, bei dem der User einer Website durch Animationen von relevanten Informationen abgelenkt wird.[31]

3.3 Die Techniken beim Eyetracking

Im Folgenden werden die unterschiedlichen Technologien für das Eyetracking vorgestellt und erläutert. Dabei wird zunächst auf die verwendeten Aufzeichnungsgeräte eingegangen und im Anschluss auf die angewandten Aufzeichnungsverfahren.

3.3.1 Die verwendeten Aufzeichnungsgeräte

Im Allgemeinen lassen sich Eyetracker in zwei unterschiedliche Kategorien gliedern:

o **Head-Mounted** (kopfgetragene) Systeme (Abb. 6), bei denen der Eyetracker durch eine spezielle Vorrichtung auf dem Kopf des Probanden getragen wird. Solche Systeme werden mit einem Notebook verbunden, um den Eyetracker zu steuern und die gewonnen Daten zu speichern. Der große Vorteil dieser Systeme ist, dass sie dem Probanden eine große Mobilität ermöglichen und somit auch außerhalb von Laboren Untersuchungen und Feldstudien durchgeführt werden können. Allerdings können mobile Systeme lediglich den Blick des Probanden auf Video aufzeichnen, so dass keine parametrisierbare Aufzeichnung der Daten möglich ist. Um anschließend die gewonnenen Daten statistisch auswerten zu können, muss eine aufwendige Analyse dieser Aufzeichnungen manuell durchgeführt werden.[32]

Abbildung 6: Kopfgetragenes Eyetracking-System.[33]

---

[31] Vgl. Wünschmann/Schwarz/Müller, 2008, S. 118.
[32] Vgl. Duchowski, 2007, S. 61.
[33] URL: http://www.tobii.com/en/eye-tracking-research/global/products/ [05.03.2012].

- **Table-Mounted** (festinstallierte) Systeme (Abb. 7), ermöglichen es die Augenbewegungen des Probanden aufzuzeichnen ohne weitere mechanische Bauteile wie Übertragungskabel oder Kinnstützen verwenden zu müssen. Es ist dem Probanden hierbei möglich, nach der Kalibrierung der Kamera, seinen Kopf in einem gewissen Bereich frei zu bewegen. Systeme, bei denen weitere mechanische Bauteile zum Einsatz kommen, nennen sich Tower-Systeme. Der Vorteil dieser Systeme ist, dass sie eindeutig parametrisierbare Daten für statistische Auswertungen liefern. Es ist mit ihnen möglich, exakte Werte anzugeben, zu welchem Zeitpunkt der Proband sich welche Stelle auf dem Monitor angesehen hat.[34]

Abbildung 7: Festinstalliertes Eyetracking-System.[35]

3.3.2 Die angewandten Aufzeichnungsverfahren

- **Die Elektro-Okulographie** (Abb. 8), bei dieser Methode wird das ständig vorhandene elektrische Spannungsfeld zwischen Hornhaut (positiv geladen) und Netzhaut (negativ geladen) mittels Elektroden, die links und rechts sowie oberhalb und unterhalb der Augen angebracht werden, gemessen.

Dieses Spannungsfeld wird als cornea-retinales Ruhepotential bezeichnet. Wenn sich nun die Position des Auges verändert, nähert sich die Netzhaut einer der Elektroden an, während sich die Hornhaut der gegenüberliegenden Elektrode nähert. Somit kommt es zu einer Veränderung des Ruhepotenzials. Durch die Auswertung, der dabei entstehenden Spannungsdifferenzen, ist es möglich, die Augenbewegungen zu analysieren. Allerdings sind die Ergebnisse dieser

---

[34] Vgl. Duchowski, 2007, S. 101f..
[35] URL: http://www.tobii.com/en/eye-tracking-research/global/products/hardware/tobii-tx300-eye-tracker/ [05.03.2012].

Methode relativ ungenau. Sie bietet jedoch den Vorteil bei geschlossenem Auge die Bewegungen aufzeichnen zu können und wird deshalb meist in der Schlafforschung eingesetzt.[36]

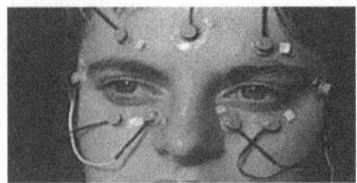

Abbildung 8: Messung der Augenbewegung mittels Elektroden[37]

- **Die Magneto-Okulographie**, hier werden die Augenbewegungen des Probanden aus Veränderungen in unterschiedlichen Magnetfeldern abgeleitet.

Diese Magnetfelder werden durch Spulen, die um den Probanden herum aufgebaut sind, erzeugt. Die magnetische Feldstärke wird dabei durch die Bewegung der Augen, die mit Sensoren und Spulen versehene Kontaktlinsen tragen, beeinträchtigt. Auf diese Weise können durch die entstandenen Magnetfeldveränderungen Rückschlüsse auf die Augenbewegungen des Probanden gezogen werden. Dieser Typus der Registrierung von Augenbewegungen nennt sich Search-Coil-Technik. Neben dieser Technik, gibt es noch die optische Kontaktlinsen-Methode. Bei dieser Art des Eyetrackings werden ebenfalls Kontaktlinsen eingesetzt, die jedoch nicht über Sensoren und Spulen verfügen, sondern lediglich verspiegelt sind. Diese verspiegelten Kontaktlinsen reflektieren punktförmig das einfallende Licht, das anschließend über Kameras aufgezeichnet wird. Beide Vorgehensweisen sind sehr aufwendig und können nur in Laborumgebungen und unter ärztlicher Aufsicht durchgeführt werden, da die Aufzeichnungsgeräte direkt mit dem Auge in Kontakt kommen.[38]

- **Die Infrarot-Okulographie**, auch bekannt unter dem Begriff Cornea-Reflex-Methode, bedient sich der Eigenschaft der Hornhaut, infrarotes Licht zu reflektieren.

Bei dieser Okulographie wird das Auge dem Infrarotlicht ausgesetzt. Wie bereits erläutert, kann das menschliche Auge nur in einem begrenzten Bereich Licht

---
[36] Vgl. Duchowski, 2007, S. 52.
[37] Vgl. Duchowski, 2000, S. II-2.
[38] Vgl. Duchowski, 2007, S. 52f..

erfassen. Infrarot, das über diesen Bereich hinaus geht, wird von der Hornhaut reflektiert und vom Glaskörper vollständig absorbiert, so dass kein Infrarotlicht auf die Netzhaut treffen kann. Diese Reflexion liegt ca. 3,5mm unterhalb der Augenoberfläche und bewirkt, dass die Pupille als helle Fläche von einer lichtempfindlichen Kamera wahrgenommen wird. Bewegt sich nun das Auge, so verschiebt sich der obere Teil der Hornhaut und beeinflusst die reflektierten Lichtstrahlen. Durch die Messung der Reflexionsveränderung, lassen sich die Augenbewegungen sehr exakt bestimmen.[39]

o **Die Video-Okulographie** funktioniert im Prinzip wie die Infrarotokulographie, nur dass hier auf das Infrarotlicht verzichtet wird und damit auch auf den Cornea Reflex. Diese Systeme verlassen sich rein auf die Bildverarbeitung und finden bei den meisten videobasierten Eyetracking-Systemen ihren Einsatz. Moderne Systeme gehen allerdings immer mehr dazu über, diese beiden Verfahren zu kombinieren, um noch präzisere Analysen der Augenbewegungen liefern zu können.[40]

3.4 Die Anwendungsgebiete des Eyetrackings

Durch die vielfältigen, eben vorgestellten, Verfahren erhält das Eyetracking immer mehr Einzug in die unterschiedlichsten Anwendungsgebiete. Um einen Überblick darüber zu erhalten, wie vielfältig sich dieser Einsatz gestaltet, werden nachfolgend die Verwendungsmöglichkeiten der Blickregistrierung vorgestellt.

- Neuropsychologie

Innerhalb dieses Anwendungsgebietes dient das Eyetracking der Grundlagenforschung, um die Funktionsweise und Wahrnehmung des menschlichen Auges weiter zu untersuchen und erklären zu können.[41] Ein Beispiel hierfür ist die Anwendung des Eyetrackings in der Schlafforschung, wie unter dem Punkt Elektro-Okulographie in Kapitel 3.3.2 vorgestellt.

- Medizin

---

[39] Vgl. Duchowski, 2007, S. 53ff..
[40] Vgl. Duchowski, 2007, S. 54ff..
[41] Vgl. Gollücke, 2009, S. 15.

Der Einsatz des Eyetrackings in der Medizin dient dazu, verschiedene Krankheiten oder Störungen festzustellen und diese gegebenenfalls nach neurologischer, psychiatrischer und bzw. oder ophthalmologischer Art zu unterscheiden.[42] So könnte beispielsweise anhand der Blickbewegungen einer Person mittels Eyetracking festgestellt werden, ob diese an Strabismus leidet.

- Mensch-Maschine-Kommunikation

Auch im Bereich der Kommunikation zwischen Mensch und Computer ist das Eyetracking eine große Hilfe. So werden Eyetracking-Systeme heute sowohl zur Fahrzeugführung eingesetzt, wie „ [...]*beispielsweise in Autos, die Fahrer beobachten und im Falle von erkennbaren Anzeichen, dass der Fahrer einschläft [...], Warnsignale oder Steuerungsfunktionen aktivieren.*"[43] als auch zur Interaktion und Kommunikation behinderter Menschen mit ihrer Umwelt. Dies wird dadurch ermöglicht, dass Eingabesteuerungen auf Blickbewegungen reagieren und die Augenbewegungen als einen Mauscursor interpretieren. Dabei wird ein Lidschlag oder eine gewisse Verweildauer auf ein Objekt als Mausklick aufgefasst.[44]

- Marketing

Auf dem Anwendungsgebiet des Marketings wird das Eyetracking vor allem zur Analyse von Web-Shops eingesetzt. Dabei wird versucht herauszufinden, worauf der Kunde achtet und ob dieser sich auf der Seite zurechtfindet. Darüber hinaus werden die Bereiche des Verpackungs- und Anzeigendesigns untersucht, um beispielsweise zu klären, ob der Kunde das Firmenlogo wahrnimmt oder ob die Werbebotschaft klar kommuniziert wird.[45]

- Usability

Im Bereich der Usability (siehe Kapitel 2.2) wird das Eyetracking dafür verwendet, die Produkte oder Verwendungsgegenstände auf deren Gebrauchstauglichkeit zu überprüfen und gegebenenfalls durch die erhaltenen Ergebnisse zu verbessern. Dabei spielt die Art des Produktes oder des

---

[42] Vgl. Gollücke, 2009, S. 15f..
[43] Herczeg, 2006, S. 145.
[44] Vgl. Gollücke, 2009, S. 17.
[45] Vgl. Gollücke, 2009, S. 16f..

Gegenstandes keine Rolle. Als Beispiele können hier das Design eines Mobiltelefons oder eines Flugzeugcockpits genannt werden.[46]

- Web-Usability

Bei dieser speziellen Form der Usability handelt es sich rein um die Benutzerfreundlichkeit von Internetauftritten. Das Optimieren mittels Eyetracking ist hier in drei zentrale Anwendungsbereiche zu gliedern, die im Folgenden näher betrachtet werden.

Orientierung (Spontaneous Looking): Hier wird versucht, Layout-Entwürfe zu optimieren. Dazu wird, während den ersten Sekunden des Erstkontaktes mit der Seite, die Orientierungsphase der User untersucht. Innerhalb dieser Orientierungsphase legen die Besucher spontan und unwillkürlich einen Scanpfad für die Website fest, dem sie bei späteren Aufrufen immer wieder folgen. Bei der Festlegung dieses Scanpfades wird der Nutzer durch gelernte Schemata (top-down) und durch Gestaltungselemente (bottom-up) beeinflusst. Diese beiden Aspekte werden genauestens untersucht, um es dem User möglichst leicht zu machen, sich auf den weiteren Seiten intuitiv zu orientieren.[47]

Informationssuche (Task-Oriented Looking): Bei diesem Bereich steht die Optimierung funktionaler Visualisierungen im Fokus. Dies geschieht, indem sämtliche Aktivitäten der Probanden, während der Ausführung vorgegebener Aufgaben (Use Cases), aufgezeichnet und untersucht werden. Dabei werden Blickverläufe, Scrolling-Aktivitäten und Klicks synchron zu den Interaktionsprotokollen aufgezeichnet. Somit ist es möglich ein ganzheitliches Bild von den Aufmerksamkeits- und Suchprozessen der User zu erhalten. Daraus lässt sich dann beispielsweise schließen, wo die Nutzer Informationen erwartet hätten, an welchen Stellen sie Probleme hatten oder an welcher Stelle Informationen schlicht übersehen wurden.[48]

Informationsverarbeitung (Information-Oriented Looking): Bei diesem Anwendungsbereich wird sich auf die Optimierung der Content-Usability

---

[46] Vgl. Gollücke, 2009, S. 17.
[47] Vgl. Reese, 2009, S. 268.
[48] Vgl. Reese, 2009, S. 269.

konzentriert. Damit ist gemeint, dass die visuellen und redaktionellen Inhalte einer Website analysiert werden. Ziel ist es, die Inhalte möglichst leicht lesbar, intuitiv erfassbar, ästhetisch und anwenderfreundlich zu gestalten, um so dem Leser ein äußerst angenehmes Nutzungserlebnis zu bieten.[49]

3.5 Die Ergebnisse aus Eyetracking-Untersuchungen

Grundsätzlich lassen sich die Ergebnisse eines Eyetracking-Systems in drei unterschiedliche Kategorien einteilen:

- Rohdaten
- Statistische Analyse
- Grafische Darstellung

Unter Rohdaten sind sämtliche Messdaten wie zum Beispiel die Fixationskoordinaten, Fixationsdauer, dem Pupillendurchmesser und den Sakkadenwinkeln zu verstehen. Welche Messdaten genau erhalten werden können, ist vom jeweiligen verwendeten Eye Tracker abhängig. Diese Rohdaten lassen sich anschließend statistisch analysieren und bzw. oder grafisch darstellen. Um die statistischen Analysen zu erhalten, ist es möglich unterschiedliche Softwarelösungen in Verbindung mit dem Eyetracking-System zu verwenden, wie beispielsweise die in der Studie verwendete Software Tobii Studio™. Zudem sind auch Anwendungen von Dritten oder selbst geschriebene Programme verwendbar.[50] Bei der grafischen Darstellung sind die Visualisierungsmöglichkeiten ebenso von der Leistung der verwendeten Software abhängig. Im nächsten Abschnitt werden Einige der am häufigsten genutzten Darstellungsmethoden aufgezeigt.

Gaze Plots (Abb. 9): Bei dieser Darstellung wird sowohl die Reihenfolge als auch die Position der Fixationen bei der Betrachtung eines einzelnen Bildes dargestellt. Dabei repräsentieren der Durchmesser der Plots die Länge der Fixation und die Nummerierung deren Reihenfolge. Diese Art der Darstellung kann verwendet werden, um den Blickverlauf eines einzelnen oder auch mehrerer Probanden zu veranschaulichen.[51]

---

[49] Vgl. Reese, 2009, S. 270.
[50] Vgl. Tobii® Technology GmbH, 2011, S. 26.
[51] Vgl. Tobii® Technology GmbH, 2010, S. 95.

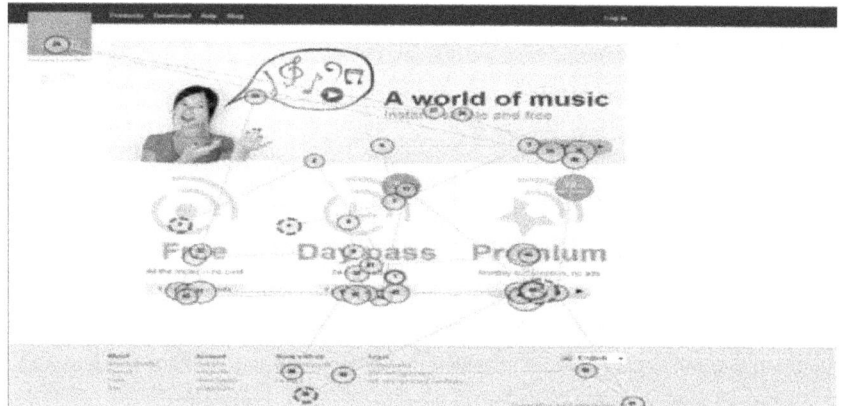

Abbildung 9: Gaze Plot Darstellung.[52]

Heatmaps (Abb. 10): Hierbei werden, je nach Einstellung, die Fixationspunkte oder die Fixationsdauer durch eine Färbung von grün nach rot hervorgehoben. Die Anzahl der Fixationen oder deren Verweildauer ist messbar an der Rotfärbung der Punkte. Durch die Möglichkeit einer solchen Aggregation eignen sich Heatmaps besonders für umfangreiche Tests mit einer hohen Anzahl an Probanden. Es ist allerdings zu beachten, dass sich die Auswertung solcher Heatmaps komplexer gestaltet, als sie auf den ersten Blick erscheint.[53]

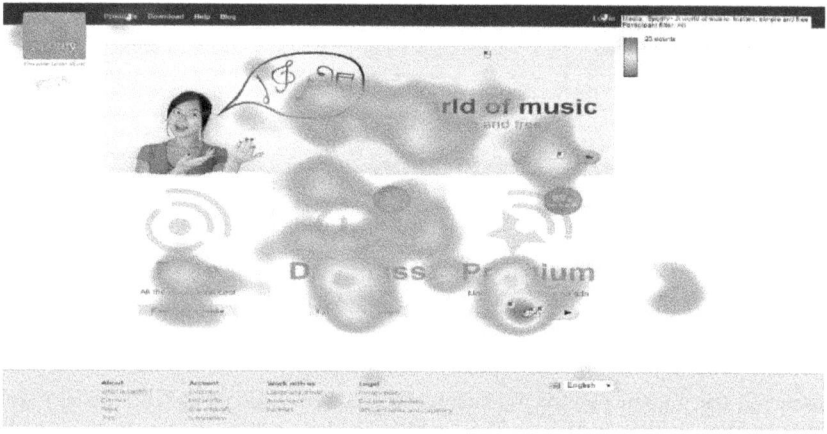

Abbildung 10: Heatmap Darstellung.[54]

---

[52] Vgl. Tobii® Technology GmbH, 2010, S. 95.
[53] Vgl. Tobii® Technology, 2010, S. 97.
[54] Ebenda.

Cluster (Abb. 11): Im Gegensatz zu Heatmaps, die die Fläche mit der höchsten Fixationsdauer hervorheben, wird bei dieser Visualisierung der Daten eine Fläche über das zu untersuchende Bild gelegt, die die Daten von mehreren Gaze Plots zusammenfasst. Damit wird der Bereich des Bildes betont, dem die Probanden die größte Aufmerksamkeit geschenkt haben. Eine Cluster-Darstellung eignet sich besonders dafür, um Rohdaten der Blickbewegungen zu aggregieren und somit den Bereich mit besonders hoher Aufmerksamkeit zu verdeutlichen. Dies kann zum Einen als Fläche dargestellt werden oder als Graph. Auf Grund der angehäuften Daten können aus diesen Clustern automatisch erstellte Areas of Interest (AOIs) generiert werden. Diese können anschließend untersucht und mit Hilfe von Metriken, die auf diese AOIs aufbauen, berechnet werden.[55]

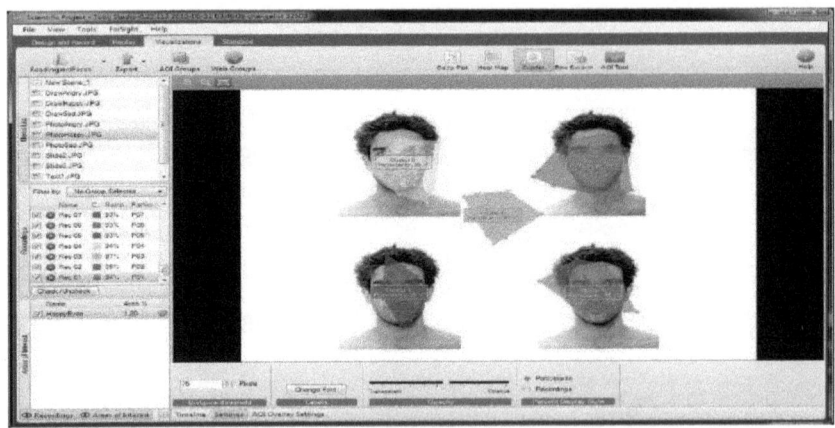

Abbildung 11: Cluster Darstellung.[56]

Neben den bisher vorgestellten Möglichkeiten, die sich mit einem statischen Bild befassen, ist es ebenso möglich, die Blickpfade der Probanden in einem Video darstellen zu lassen. Diese Videos bezeichnen sich als Gaze Replays und können sowohl in Echtzeit als auch in Zeitlupe wiedergegeben werden.[57]

3.6 Die Grenzen des Eyetrackings

Neben all den zahlreichen Möglichkeiten, die das Eyetracking bietet, gibt es ebenso Grenzen, die beachtet werden müssen. So ist es einem Eyetracking System zwar

---

[55] Vgl. Tobii® Technology, 2010, S. 96.
[56] Vgl. Tobii® Technology, 2010, S. 97.
[57] Vgl. Gollücke, 2009, S. 13.

möglich Daten über die Blicke eines Probanden zu liefern, jedoch nicht, ob der Proband tatsächlich etwas wahrgenommen hat. Bei der Wahrnehmung kann ein Eye Tracker auch nicht feststellen, was der Proband in seinem peripheren Sichtfeld aufnimmt.[58] Besonders in der HCI tritt das sog. „Midas-Touch-Problem" (MTP) auf, bei dem davon ausgegangen wird, dass jeder Blick eine Aktion hervorruft, auch wenn dies vom Probanden ungewollt ist.[59] Des Weiteren können auch Brillen oder Kontaktlinsen dazu führen, dass falsche oder keinerlei Daten vom System erfasst werden. Die Eye Tracker orientieren sich nach der Kalibrierung meist nur an den Reflexionsänderungen des Auges und sind durch die Spiegelung der Sehhilfen oftmals nicht in der Lage, korrekte Daten zu erzeugen.[60]

3.7 Die schnelle Alternative - EyeQuant

Neben dem Eyetracking, existiert auch die Möglichkeit der Anwendung von Aufmerksamkeitsmodellen wie EyeQuant als schnelle und günstige Variante. Diese Methode basiert auf der Verknüpfung von sog. Saliency Maps mit einer empirischen Datenbasis, die aus hunderten Eyetracking-Studien gewonnen wurde. Die Genauigkeit dieser Modelle liegt laut Hersteller bei über 90%.Somit stellen sie eine echte Alternative zu aufwendigen Eyetracking-Untersuchungen dar. EyeQuant steht seit 2009 zur Verfügung und bietet Online Marketeern die Möglichkeit Screenshots oder URLs ihrer Website hochzuladen und innerhalb kürzester Zeit Ergebnisse zu erhalten. Diese Ergebnisse werden als Heatmap oder als Wahrnehmungskarte (Abb. 12) dargestellt. Der Vorteil dieser Methode besteht vor allem in der Geschwindigkeit, da Ergebnisse schon nach wenigen Sekunden abgerufen werden können. Somit ist erstmals eine iterative Optimierung möglich. Diese Modelle beschränken sich allerdings nur auf statische Bilder und können so nur die Eindrücke von Nutzern in den ersten 3-5 Sekunden abbilden.[61]

---

[58] Vgl. Gollücke, 2009, S. 18.
[59] Vgl. Gollücke, 2009, S. 17.
[60] Vgl. Tobii® Technology, 2010, S. 54.
[61] Stelzer, Website Boosting, 2011, Nr. 9, S. 62-67.

Abbildung 12: Wahrnehmungskarte, die das foveale Sehen simuliert.[62]

4 Usability Testing – Vorbereitung, Ausführung und Auswertung

Um nun Optimierungspotentiale einer Website aufzudecken, kann sowohl die Seite selbst als auch deren Nutzer mittels unterschiedlicher Prüfverfahren analysiert werden. Dieser Vorgang wird als Usability Testing bezeichnet. Die verschiedenen Testmethoden, die dabei eingesetzt werden, sowie das Vorbereiten, Durchführen und Auswerten eines solchen Tests werden nun im nachstehenden Kapitel behandelt.

Grundsätzlich ist beim Usability Testing auf die Auswahl und Zusammensetzung der verschiedenen Untersuchungsmethoden zu achten. Ebenso stellt die Entscheidung über die Testteilnehmer, dem Testmoderator und der Testumgebung einen wichtigen Faktor dar. Sind all diese Punkte sorgfältig bedacht und umgesetzt, so kann die Studie durchgeführt und anschließend die Ergebnisse analysiert und ausgewertet werden. Der große Vorteil beim Usability Testing liegt in der Verwendung von quantitativ feststellbaren Messgrößen, sog. Key Performance Indicators (KPIs). Diese ermöglichen eine Aufnahme des Ist-Zustandes und lassen sich nach den Optimierungsmaßnahmen mit den erhaltenen Werten wieder Vergleichen, um so Verbesserungsfortschritte präzise erkennen zu können. So ist nach Puscher bei der Zielsetzung der Gewinnmaximierung von folgender Ausgangssituation auszugehen (Tab. 1):[63]

---

[62] Vgl. Stelzer, Website Boosting, 2011, Nr. 9, S. 66.
[63] Vgl. Puscher, 2009, S. 24.

Unternehmen:	Gewinnmaximierung
Website-Ziel	Mehr Produkte verkaufen, die eine gute Marge bieten, und gleichzeitig in anderen Kanälen keinen Umsatz verlieren.
Messgrößen	Traffic insgesamt, Traffic segmentiert nach Zugangskanälen, den so genannten Referrern, Conversion von Homepage zu Produktseiten, Conversion von Landingpages, Conversion der Produktseiten, Conversion im Verkaufstrichter auf jeder Seite. Wichtige Gegengröße ist eine hohe Absprungrate, die vor allem innerhalb des Trichters auf ein gravierendes Problem hindeutet.
Aggregation:	Shop-Umsatz pro User, daraus Gewinn pro User, Gewinn pro Referrer, Gewinn pro Produkt

Tabelle 1: Ausgangsszenario.[64]

Dabei ist allerdings zu beachten „[...], dass auch die einmalige Messung der Usability der Landeseiten keine allgemein gültigen Ergebnisse erbringt."[65] Der größte Nutzen des Usability Testings entfaltet sich, wenn der Prozess des Testens als fester Bestandteil in den Online-Betrieb verankert ist. Folglich können nicht nur präzisere Daten aus dem Analyseprozess erhoben werden, sondern auch Kosten eingespart werden, wie beispielsweise durch das Reduzieren teurer Relaunches.[66] Hier liegt noch immer eine der größten Herausforderungen des Usability Testings, nämlich bei den Unternehmen ein Bewusstsein zu schaffen, dass das Usability Testing nicht nur als finaler Kontrolltest anzusehen ist, der am Ende eines Entwicklungsprozesses durchgeführt wird, sondern dass sie „[...]hin zu einem optimalen und kontinuierlichen Methodenmix gehen, der die Benutzerfreundlichkeit eines Produktes in unterschiedlichen Entwicklungsstadien und aus verschiedenen Perspektiven betrachtet [...]."[67] Dieses systematische und nutzerorientierte Vorgehen wird auch als Usability Engineering bezeichnet, da hier das Testen in den kompletten Entwicklungsprozess integriert ist. Von der Analyse über die Konzeption und der Umsetzung bis hin zur Nutzung eines Produktes oder Services.[68]

Diese Ansicht vertritt auch Jakob Nielsen, der das Usability Engineering als einen immer wiederkehrenden geschlossenen Kreislauf darstellt:

„Usability engineering is not a one-shot affair where the user interface is fixed up before the release of a product. Rather, usability engineering is a set of activities that

---

[64] Vgl. Puscher, 2009, S. 24.
[65] Puscher, 2009, S. 24.
[66] Vgl. Puscher, 2009, S. 24.
[67] Reese, 2009, S. 28f..
[68] Vgl. Reese, 2009, S. 29.

ideally take place throughout the lifecycle of the product, with significant activities happening at the early stages before the user interface has even been designed."[69]

4.1 Die unterschiedlichen Testmethoden des Usability Testings

Wie bereits erwähnt, existieren unterschiedliche Testverfahren (Abb. 13) beim Usability Testing. Diese werden im weiteren Verlauf dargestellt und näher erläutert.

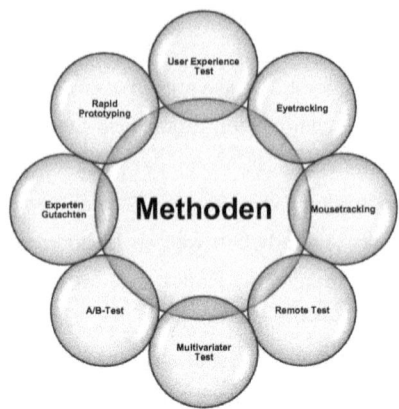

Abbildung 13: Usability Testmethoden.

Rapid Prototyping: Bei dieser Form des Testens geht es darum, möglichst früh im Entwicklungsprozess Tests an Prototypen durchzuführen. Diese werden zwar in kleinerem Umfang umgesetzt, dafür jedoch in kürzeren Intervallen. Ziel dabei ist es, möglichst parallel zur Entwicklung, Fehler und Optimierungsmöglichkeiten aufzudecken, da diese zu immer höheren Aufwendungen und Kosten führen, je später sie bemerkt werden.

Allgemein wird zwischen horizontalen und vertikalen Prototypen unterschieden:[70]

- „Mit vertikalen Prototypen werden ausgewählte Funktionalitäten umgesetzt, die bereits realistisch und in vollem Umfang genutzt werden können."[71]

- „Horizontale Prototypen bilden die komplette Breite einer Benutzeroberfläche ab, ohne dass diese mit Funktionalitäten ausgestattet ist."[72]

---

[69] Nielsen, 1993, S. 71.
[70] Vgl. Reese, 2009, S. 112.
[71] Reese, 2009, S. 112.
[72] Ebenda.

Den häufigsten Fall in der Praxis stellen allerdings Mischformen dieser beiden Arten dar.[73] Der Vorteil beim Testen mit Prototypen liegt darin, dass es den Probanden bei einfachen Prototypen leichter fällt, Kritik an Abläufen und Funktionalitäten anzubringen, da Design- und Layout-Elemente noch nicht vorhanden sind. Dieses Fehlen kann allerdings dazu führen, dass die Probanden die spätere Anwendung nicht realistisch einschätzen können. Werden hingegen besonders ausgereifte Prototypen verwendet, besteht die Gefahr, dass wichtige Funktionalitäten nicht mehr kritisch hinterfragt werden.[74] Folglich ist es äußerst wichtig, darauf zu achten, welche Art von Prototyp verwendet wird.

Mousetracking: Beim Mousetracking handelt es sich ähnlich wie beim Eyetracking um das Aufzeichnen der Useraktivität beim Nutzen einer Website. Hier wird allerdings nicht der Blickverlauf des Probanden untersucht, sondern der Verlauf seines Mauszeigers und seiner Klicks. Dies geschieht ebenfalls durch die Verwendung geeigneter Software, sog. Mouse-Tracking-Tools. Hierfür muss lediglich eine Zeile JavaScript-Code in den Seiten-Quelltext eingefügt werden, um anschließend sämtliche Mausbewegungen, Klicks und Tasteneingaben aufzeichnen zu können. Die daraus resultierenden Ergebnisse werden anschließend analysiert und ausgewertet, um Usability-Probleme bei den Probanden aufzudecken. Der große Vorteil dieser Methode besteht darin, dass sie ohne die großen Aufwendungen und Kosten, die ein Labortest mit sich bringt, einen „[...]Einblick in das Verhalten echter Besucher unter realen Bedingungen"[75] ermöglicht.[76]

Einfache A/B-Tests: Diese Tests tragen ihren Namen „[...], weil nur die beiden Varianten A und B gegeneinander getestet werden."[77] Diese Methode stellt damit den kleinen Bruder des großen multivariaten Tests der Testfamilie dar, der nachstehend erläutert wird.[78] Bei dieser Art von Test geht es darum, zwei Versionen, die sich lediglich in einem einzigen Element unterscheiden, gegeneinander zu prüfen, um anschließend die Version mit der besseren Performance in Abhängigkeit der definierten KPIs herauszufinden.[79] Wichtig hierbei ist, wie bei allen Tests, eine

---

[73] Eine Auflistung der häufigsten Prototypen befindet sich im Anhang.
[74] Vgl. Reese, 2009, S. 113.
[75] Reese, 2009, S. 148.
[76] Vgl. Reese, 2009, S. 148.
[77] Reese, 2009, S.155.
[78] Vgl. Reese, 2009, S. 156.
[79] Vgl. Reese, 2009, S. 154.

genaue Zielsetzung. Anschließend kann festgestellt werden, ob das Testziel erreicht wurde und dass sich wirklich nur ein Element der beiden Varianten unterscheidet. Andernfalls ist es nicht mehr möglich die Verbesserung der Performance auf einzelne Elemente zurückzuführen. A/B-Tests können dabei einmalig angewandt werden. In der Praxis allerdings werden diese meist als Testreihe durchgeführt. Gemäß dem Motto "Nur die Stärksten überleben", wird dabei stets die bessere Variante übernommen, um so eine stetig besser werdende Version der Webseite zu erhalten. Der große Vorteil dieser Tests liegt in ihrer Einfachheit. Sie sind schnell, kostengünstig und ohne besondere mathematische Analysen realisierbar. „Darum entfaltet der A/B-Test seine größte Wirkung auch bei kleinen schnellen Fragestellungen, die präzise auf den Punkt kommen, aber methodologische Reinheit gegen pragmatisches Handeln eintauschen."[80]

Multivariate Tests: Hierbei sind die mühsamen Schritte, wie bei den A/B-Tests, von einer verbesserten Testvariante zur Nächsten nicht notwendig. Bei multivariaten Tests werden viele Variationen von Elementen einer Webseite gleichzeitig gegeneinander getestet. Jedoch kommt diese Art von Test nicht ohne mathematische Verfahren aus. Dadurch, dass mehrere Elemente variieren können, ergeben sich schnell hunderte Kombinationsmöglichkeiten sowie gegenseitige Beeinflussung der einzelnen Elemente, die berücksichtigt werden müssen. Diese Problematik ist mit Hilfe von statistischen Verfahren zu bewältigen.[81] „Die Verfahren rechnen die Einflussstärke einzelner Varianten […] aus den vielen Kombinationen heraus und zeigen, ob sich jenes Element besonders mit diesem Button oder jenem Visual verträgt."[82] Somit benötigen multivariate Tests eine sorgfältige Planung und es müssen mehrere Alternativen der zu testenden Site-Elemente erstellt werden. Hinzu kommen die Durchführung des Tests sowie die Analyse der Ergebnisse.[83] Folglich sind multivariate Tests mit großem Aufwand verbunden, kristallisieren jedoch wertvollste Optimierungspotenziale nicht nur der einzelnen Elemente, sondern auch der gegenseitigen Beeinflussung dieser Elemente heraus.

User Experience Tests: Wie bereits in Kapitel zwei erläutert, beschäftigt sich die Usability mehr mit den Funktionalitäten und vorab definierten Use Cases. Also mit

---
[80] Reese, 2009, S. 156.
[81] Vgl. Reese, 2009, S. 168.
[82] Reese, 2009, S. 168.
[83] Vgl. Reese, 2009, S. 168.

der technischen Ebene einer Website, die für sich allein noch kein positives Nutzungserlebnis schafft. Werden zusätzlich zur Usability die weichen Faktoren hinzugenommen, spricht man von User Experience (UX), bei der das gesamte Erleben des Nutzers in den Optimierungsprozess miteinbezogen wird.[84] „Der User Experience Test ist daher ein Prozess, in dem unvoreingenommen und wertfrei die Meinungen, Gefühle, Gedanken und Wahrnehmungen der Nutzer zum Vorschein kommen sollen."[85] Ziel solcher UX-Tests ist es, die Site den Wünschen, Bedürfnissen und Kenntnissen der User anzupassen, um so den Benutzer zufriedenzustellen und ihm ein positives Nutzungserlebnis zu verschaffen. Dabei ist die Fragestellung der Realisierbarkeit der Optimierungsmaßnahmen zunächst sekundär, sie sollte jedoch nicht ganz aus den Augen gelassen werden.[86] Um dieses Ziel zu erreichen, existieren unterschiedliche Arten von UX-Tests, die in Tabelle 2 zusammengefasst sind. Welches Verfahren letztendlich zum Einsatz kommt, ist dabei ganz von der Zielsetzung und Fragestellung der Optimierung abhängig.

Die in den jeweiligen Verfahren angewandten Methoden sind:

- "Methode des lauten Denkens" (Alternative: datengestützte Interviews)
- Analyse von Verhaltensdaten
- Surfpfadanalyse
- Videoaufzeichnung
- Nutzerbefragung
- Eye- und Mousetracking

---

[84] Vgl. Reese, 2009, S. 218.
[85] Reese, 2009, S. 218.
[86] Vgl. Reese, 2009, S. 218.

Verfahren	Einsatzbereich
Innovationstest	Einsatz bei Markteintritt, um die Markenwahrnehmung und die Differenzierung vom Wettbewerb zu analysieren.
Vergleichstest (Zwei-Varianten-Test)	Vergleich einer neuen Version der Site mit der Vorhergehenden bzw. Aktuellen.
Wiederholungstest (Pre-Post-Messung)	Wiederholen von Tests in regelmäßigen Abständen, um Veränderungen von User Experience und vorgenommenen Optimierungen zu analysieren.
Benchmarktest (Wettbewerbsvergleich)	Vergleich der User Experience der eigenen Site mit der von ausgewählten Wettbewerberseiten.
Status Quo-Potenzialanalyse	Ausführliche Bestandsaufnahme des Internetauftrittes aus Sicht des Nutzers zum bestehenden Zeitpunkt.

Tabelle 2: Zusammenfassung der Testverfahren bei UX-Tests.[87]

Eyetracking: Diese Testmethode wird im Rahmen von UX-Tests angewandt und wurde bereits in Kapitel drei genau erläutert.

Remote Usability Tests: Remote Tests sind Tests, die nicht in einer Laborumgebung durchgeführt werden, sondern mittels einer internetbasierten Anwendung direkt Zuhause am Rechner des Probanden. Dabei wird zwischen synchronen und asynchronen Remote Tests unterschieden.

Bei synchronen Tests entscheidet die Testperson über den Ort der Testdurchführung, wird aber zeitgleich vom Testleiter beobachtet, der mittels des Telefons ein Interview leitet und durch ein Remote Testing-Tool die Eingaben des Probanden am Bildschirm nachvollziehen kann. Somit ist es dem Usability-Experten möglich, den Probanden bei Problemen direkt zu befragen und die Hintergründe hierfür näher zu beleuchten. Für spätere Auswertungen werden sowohl das Telefoninterview, als auch die Bildschirmeingaben aufgezeichnet. Besitzt der Proband eine Webcam, ist es zusätzlich möglich das Verhalten des Probanden während der Testsession mit aufzuzeichnen. Die so erhaltenen Testergebnisse entsprechen der Qualität von Nutzertests in einer Laborumgebung. Bei asynchronen Tests hingegen erfolgt sowohl die Beobachtung als auch die Analyse des Tests zeitlich versetzt von der Testdurchführung.[88]

---

[87] Vgl. Reese, 2009, S. 230f..
[88] Vgl. Reese, 2009, S. 280.

Die große Stärke dieser Art von Test ist, dass die Qualität, die sog. ökologische Validität, der erhaltenen Daten wesentlich höher ist als bei Labortests, da die Testpersonen keiner künstlichen Atmosphäre ausgesetzt sind, sondern den Test in ihrer gewohnten Umgebung durchführen. Aus diesem Grund wird das Verhalten der Probanden besser und authentischer widergespiegelt als bei Online-Befragungen und Usability Tests im Labor.[89] Weiterhin können durch das Remote Testing weitaus größere Stichproben für einen Test herangezogen werden, die zugleich nur geringe Kosten verursachen.

„Allgemein lässt sich festhalten, dass Fragestellungen, die den Fokus auf die Usability von Webanwendungen legen, für einen Labortest besser geeignet sind als für einen Remote Test. Während die Frage nach der Customer Experience, die den Nutzwert, das Design und den Joy of Use untersucht, besser von einem Remote Test beantwortet wird."[90]

Expertengutachten: Diese Art von Test ist unter vielen verschiedenen Namen bekannt, so auch als Expert Review, Expertenevaluation, Usability Expertise oder Website Check. Anders als bei den vorhergehenden Methoden, wird hier die User Experience nicht von bestimmten Nutzern untersucht, sondern von ein oder mehreren Experten, die zum einen mittels heuristischer Evaluation die Umsetzung von Usability- und Design-Richtlinien überprüfen und sich zum anderen „[...]bei einem Cognitive Walkthrough in die Rolle bestimmter Nutzertypen[...]"[91] versetzen und dabei typische Use Cases absolvieren.[92] Wichtig ist hier vor allem, dass vorab eine genaue Zielsetzung erfolgt, damit anschließend kein pauschales Gutachten entsteht, welches bereits bekannte Probleme und Schwachstellen aufzeigt, sondern individuelle Lösungsvorschläge und Handlungsempfehlungen auf die entscheidenden Fragestellungen enthält. Dazu werten meist zwei bis drei Experten unabhängig von einander die Website aus, um die Objektivität zu wahren.[93] Anschließend vergleichen, diskutieren und priorisieren sie ihre Ergebnisse, um diese dann dem Kunden in einem individuellen Workshop zu präsentieren. Hier werden die

---

[89] Vgl. Reese, 2009, S. 281.
[90] Reese, 2009, S. 284.
[91] Reese, 2009, S. 296.
[92] Vgl. Reese, 2009, S. 296.
[93] Vgl. Reese, 2009, S. 297.

Ergebnisse ausführlich dargestellt und dem Kunden die Möglichkeit eingeräumt diese genau zu diskutieren.[94]

Expertengutachten können sowohl für sich alleine als auch in Kombination mit weiteren Untersuchungsmethoden eingesetzt werden. Der entscheidende Vorteil bei diesen Gutachten ist, dass sie schnell und sehr kostengünstig eingesetzt werden können und somit auch für kleine Unternehmen einen echten Mehrwert bedeuten.[95]

Nachstehend findet sich eine Zusammenfassung (Tab. 3) der Vor- und Nachteile der einzelnen Testmethoden.

Methode	Rapid Prototyping	Mousetracking	A/B-Tests	Multivariate Tests
☺	- Schnell - Preiswert - Effizient - Formative Evaluation, d.h. in den Entwicklungsprozess integriert	- Präzises Beobachten des Nutzerverhaltens mit tiefen Erkenntnissen - Möglichkeit der Aggregation vieler Daten zu Clickmaps	- Schnell eingerichtet - Echte User-Daten - Preiswert	- Gleichzeitiges Testen vieler Variationen von Elementen möglich
☹	- Rein auf die Funktionalität einer Anwendung beschränkt - Gute Zusammenarbeit aller Beteiligten erforderlich - Hohes Maß an Professionalität, Usability-Expertise und Ausdauer erforderlich	- Implementierung von JavaScript-Code notwendig - Keine Befragung der Nutzer möglich	- Langsam - Erreicht nur bestehende Zielgruppen	- Aufwendig - Mathematische Verfahren notwendig - Hohes Maß an Professionalität und Usability-Expertise erforderlich

Methode	UX-Tests	Eyetracking	Remote Tests	Expertengutachten
☺	- Intensivste Testmethode mit tiefen Erkenntnissen - Möglichkeit zum Nachfragen - Möglichkeit der Beobachtung durch Kunden	- Präzises Beobachten des Nutzerverhaltens mit tiefen Erkenntnissen - Möglichkeit der Aggregation vieler Daten zu Heatmaps	- Schnell - Große Fallzahlen	- Schnell - Preiswert - In der Regel gute Berichte
☹	- Teuer - Langsam - Klinische Testsituation	- Hohe Anschaffungskosten - Hohes Maß an Professionalität und Usability-Expertise erforderlich	- Sehr heterogene Ergebnisdarstellung - Intransparentes Testszenario	- Subjektiv - Singulär, bleibt im Rahmen des formulierten Auftrags

Tabelle 3: Überblick der Vor- und Nachteile der einzelnen Testmethoden.

4.2 Das Vorbereiten eines Usability Tests

Die Vorbereitung eines Usability Tests ist eine der wichtigsten Aufgaben beim Usability Testing, da sie die Grundlage aller weiteren Aktivitäten bildet und zu gleich den Erhalt von aussagekräftigen Ergebnissen sicherstellt. Dabei handelt es sich um die Festlegung der Fragestellungen und Zielsetzungen des Tests, dem Erstellen eines Testplans, der Wahl einer Testumgebung, dem Rekrutieren von geeigneten

---
[94] Vgl. Reese, 2009, S. 298.
[95] Vgl. Reese, 2009, S. 296.

Probanden sowie der Vorbereitung der Testmaterialien und die Voraussetzungen des Testmoderators. Jeder dieser Bestandteile der Testvorbereitung wird nun im Folgenden näher erläutert.

4.2.1 Die Festlegung von Fragestellungen und Zielsetzungen

An diesem Punkt wird sowohl die Startlinie als auch die Ziellinie für das bevorstehende Testing festgelegt. Ohne genau definierte Ziele ist es nicht möglich den Erfolg bzw. Misserfolg eines Usability Tests festzustellen. Um diese Ziele zu ermitteln, ist es hilfreich Testfragen zu entwickeln. Dabei gelangen die Verantwortlichen meist „automatisch zu den Fragen nach Unternehmenszweck, Zweck der Website oder Sinn und Ziel der einzelnen Anwendung und Seite."[96] Wichtig ist auch, dass die Ziele messbar sind, also mit Hilfe von KPIs belegt werden können. Nur dadurch werden Vergleiche möglich und Optimierungsfortschritte sichtbar. Sind nun die Fragestellungen geklärt und der Zweck des Angebots ermittelt, können aus diesen repräsentative Arbeitsaufgaben abgeleitet werden.[97]

4.2.2 Die Entwicklung eines Testplans

Im Testplan wird das Wie, Wann, Wo, Warum und Was des geplanten Usability Tests festgelegt. Es sollte beim Usability Testing stets ein Testplan erstellt werden. Einer der häufigsten Fehler, den es zu vermeiden gilt, ist es, dass Testverantwortliche einen Testablauf im Kopf haben und glauben diesen nicht niederschreiben zu müssen.[98] Ohne einen solchen Plan werden Details unscharf und nicht mehr eindeutig verständlich, vor allem unter Zeitdruck.

Die Vorteile der Ausarbeitung eines umfangreichen Testplans sind, dass er zunächst eine ähnliche Funktion hat wie ein Bauplan beim Errichten eines Gebäudes. Das heißt, dass ein genauer Ablauf ersichtlich ist, nach dem sich alle Beteiligten richten können, und alle Eventualitäten bedacht sind, damit keine Komplikationen auftreten, sobald die Testreihe begonnen hat. Des Weiteren bildet der Testplan als zentrales Dokument das Hauptkommunikationsmittel zwischen allen Beteiligten sowohl für die Testverantwortlichen wie auch dem Vorstand. Ebenso sind in diesem Dokument alle benötigten Ressourcen sowohl interne als auch externe definiert. Eine weitere

---

[96] Puscher, 2009, S. 222.
[97] Vgl. Puscher, 2009, S. 222.
[98] Vgl. Rubin/Chisnell, 2008, S. 65.

wichtige Rolle des Testplans ist es, dass er ein genaues Ziel definiert und einen Meilenstein für den kompletten Projektablauf darstellt.[99]

Beim Erstellen eines Testplans ist darauf zu achten, dass ein grober Plan bereits dann erstellt wird, sobald bekannt ist, dass ein Test durchgeführt werden soll. Anschließend wird der Testplan während des Projektverlaufs detaillierter ausgeprägt. Diese Anpassung des Plans kann natürlich nicht während des ganzen Projektes vollzogen werden, da ansonsten der Sinn und Zweck des Testplans verloren ginge. Deshalb ist auch für die Ausgestaltung des Testplans eine Frist zu setzen, ab welcher der Plan nicht mehr geändert werden darf. Ein guter Zeitpunkt für eine solche Frist ist, wenn auch das Produkt selbst nicht weiter verändert werden kann, außer nach der Testdurchführung.[100] Die Bestandteile eines Testplans sind:[101]

- Zweck und Ziele
- Zu beantwortende Fragestellungen
- Eigenschaften der Teilnehmer
- Methoden
- Aufgabenliste
- Testumgebung und Testmaterialien
- Rolle des Testmoderators
- Zu untersuchende Daten und anzuwendende Messverfahren
- Inhaltsbericht und Präsentation

4.2.3 Die Wahl einer Testumgebung

Zu einer guten Vorbereitung zählt auch die Wahl einer geeigneten Testumgebung. Der Ort, an dem ein Test durchgeführt wird, kann überall sein. Ob ganz steril in einem Usability-Labor oder in einer vielbelebten Fußgängerzone. Wichtig dabei ist nur, dass sich die Testumgebung möglichst nahe am tatsächlichen Szenario der

---

[99] Vgl. Rubin/Chisnell, 2008, S. 66.
[100] Vgl. Rubin/Chisnell, 2008, S. 65.
[101] Vgl. Rubin/Chisnell, 2008, S. 67.

Endbenutzer anlehnt, um somit möglichst authentische Ergebnisse zu erhalten.[102] Weitere Faktoren, die Einfluss auf die Wahl der Testumgebung nehmen, sind:[103]

- das Testdesign und die Messverfahren - zum Beispiel, ob der Test summativ oder formativ gestaltet ist. Ebenso spielt es eine Rolle, ob der Moderator neben dem Probanden sitzt und Hinweise geben muss oder einfach nur von außen den Probanden beobachtet.

- die Logistik - mit den Fragen: Besteht genügend Platz im Unternehmen für eine Testdurchführung und ist dieser Ort auch zugänglich für die Testteilnehmer? Werden spezielle Testmaterialien für den Test benötigt?

- die Öffentlichkeitsarbeit im Unternehmen - damit das Bewusstsein für Usability Testing im Unternehmen wächst, ist es notwendig zu wissen, was mit dem Test demonstriert bzw. ob mit den Mitarbeitern zusammen getestet werden soll. Dabei muss festgelegt werden, ob Beobachter teilnehmen sollen, wie viele diese sein sollen und welche Position diese im Unternehmen haben.

- die Testmethode - es muss klar sein, ob ein Labortest, ein Remote Test oder ein Feldversuch durchgeführt werden soll, da beispielsweise eine Eyetracking-Untersuchung im Labor zwar eine ungewohnte Umgebung für die Probanden darstellt, der daraus resultierende Nutzen allerdings diesen Malus übersteigt.

4.2.4 Die Rekrutierung der Probanden

Das Finden und Auswählen der richtigen Testkandidaten stellt einen der wichtigsten Bestandteile des ganzen Tests dar. Sind nämlich die teilnehmenden Probanden keine typischen Nutzer oder zumindest dem Verhalten dieser sehr ähnlich, wird der Test keine gültigen und verwertbaren Ergebnisse liefern. Dabei spielt es keine Rolle wie viel Aufwand für die weitere Vorbereitung des Tests investiert wird. Die Resultate bleiben fraglich und besitzen nur eine beschränkte Aussagekraft.[104]

Um nun die richtigen Teilnehmer zu identifizieren, ist es ratsam, ein sog. Benutzerprofil der gewünschten Zielgruppe zu erstellen. Dieses Benutzerprofil stellt eine Beschreibung des relevanten Verhaltens, der Fähigkeiten und des Wissens der

---

[102] Vgl. Rubin/Chisnell, 2008, S. 87.
[103] Vgl. Rubin/Chisnell, 2008, S. 94f..
[104] Vgl. Rubin/Chisnell, 2008, S. 115.

typischen Nutzer dar. Ist ein solches Benutzerprofil einmal angefertigt, gilt es den effektivsten Weg zu bestimmen, mit dem Teilnehmer im Rahmen der zur Verfügung stehenden Mitteln, wie Zeit, Geld und Ressourcen, ausgewählt werden können, die der festgelegten Zielgruppe entsprechen.[105] Dazu wird bei der Erstellung eines Benutzerprofils mit einer Visualisierung und Beschreibung des Testkandidaten in einem kurzen Satz oder Absatz begonnen. Dieser kann folgendermaßen lauten:[106]

Wo liegen Hindernisse bei der Reservierung eines Zimmers in einem unserer Hotels? Der Nutzer unserer Website reist einige Male im Jahr und übernachtet dabei im Hotel. Er/Sie bucht die Reisen online, mit Ausnahme der Urlaubsreisen. Er/Sie nehmen an Hotelbewertungsprogrammen teil.[107]

Nach dieser Beschreibung werden die erforderlichen Informationen über die Nutzer beschafft. Falls noch kein Benutzerprofil im Unternehmen vorliegt, werden diese Informationen aus Umfragen und Telefoninterviews generiert. Ebenso können Marktanalysen und Benchmarks herangezogen werden. Liegt nun ein fertiges Benutzerprofil vor, ist weiterhin darauf zu achten, ob der Käufer auch gleichzeitig den Endnutzer darstellt. Ist dies nicht der Fall, ist eine Differenzierung zwischen diesen beiden Parteien durchzuführen. Das Benutzerprofil ist dann auf den Endkunden abzustimmen.[108]

Nachdem die Teilnehmer visualisiert und die entsprechenden Daten gesammelt wurden, gilt es Anforderungen für die jeweiligen Zielgruppen festzulegen und diese zu klassifizieren. Die Anforderungen legen dabei fest, was die Probanden können und wissen müssen. Die Klassifizierung hingegen dient dazu die Testteilnehmer in bestimmte Gruppen einzuteilen. Somit wird es möglich auftretende Effekte während des Tests besser erklären zu können. Die Klassifizierung erfolgt dabei meist anhand von demographischen Profilen des Zielmarktes.[109] Zudem werden ähnliche Benutzerprofile zu einer Kategorie zusammengezogen, wie beispielsweise nach Berufsgruppen oder nach Rollen. Ausschlaggebend ist hier, dass alle, die sich in einer gemeinsamen Kategorie befinden, ähnliche Charakteristika aufweisen. Dabei können sich auch Benutzerprofile unterschiedlicher Kategorien ähneln, sich jedoch

---

[105] Vgl. Rubin/Chisnell, 2008, S. 115.
[106] Vgl. Rubin/Chisnell, 2008, S. 116.
[107] Ebenda.
[108] Vgl. Rubin/Chisnell, 2008, S. 117.
[109] Vgl. Rubin/Chisnell, 2008, S. 121.

im Grad ihrer Fähigkeiten unterscheiden. Deshalb sind auch die Fähigkeiten der Nutzer mit einzubeziehen.[110] Somit ist auf eine Balance bei der Zusammenstellung der Benutzerprofile und deren Fähigkeiten zu achten, um ein gutes Test Design zu kreieren.

Als letzer Schritt, bevor die Testteilnehmer rekrutiert werden können, ist die Anzahl der Probanden festzulegen. Dabei nehmen folgende Faktoren Einfluss auf die Menge der Testkandidaten:[111]

- Der Grad des Vertrauens in die Ergebnisse, die benötigt werden.
- Die Anzahl der verfügbaren Ressourcen für die Errichtung und Durchführung des Tests.
- Die Verfügbarkeit der benötigten Testteilnehmer.
- Die Dauer des Tests.

Folglich ist die Anzahl der Probanden für jeden Test und die damit verbundenen Möglichkeiten individuell abzustimmen. Stehen also statistisch aussagekräftige Resultate im Mittelpunkt des Tests, muss mit einer sehr großen Menge von Testkandidaten getestet werden. Ist es allerdings das Ziel soviele Usability-Probleme wie möglich in kürzester Zeit zu finden, sind vier bis fünf Testkandidaten pro Zielgruppe ausreichend. Hierbei gilt abermals, dass ein mehrfaches Testen vertrauenswürdigere Ergebnisse liefert, da sich so schon nach wenigen Testrunden eine aussagekräftige Stichprobe bildet, die mit geringem Aufwand den Großteil der Usability-Probleme aufdeckt.[112]

4.2.5 Die Präparierung der Testmaterialien

Das Vorbereiten der Testmaterialien spielt bei Labortests eine besonders wichtige Rolle, sollte aber dennoch nicht bei anderen Tests vernachlässigt werden. Während sich die spezifischen Inhalte der Testmaterialien von Test zu Test unterscheiden, variieren die allgemein erforderlichen Gegenstände nur in geringem Maße. Diese werden nun im Folgenden kurz zusammengefasst und anschließend näher erläutert.

---

[110] Vgl. Rubin/Chisnell, 2008, S. 124.
[111] Vgl. Rubin/Chisnell, 2008, S. 125.
[112] Vgl. Rubin/Chisnell, 2008, S.126.

- Die Richtlinien für Beobachter

- Der Orientierungsplan

- Die Hintergrundfragen

- Die Instrumente zur Datenerhebung

- Die Vereinbarungen

- Die Befragung vor dem Test

- Die Testszenarien

- Die Befragung nach dem Test

All diese Bestandteile lassen sich in ein sog. session script bzw. einer session checklist zusammenfassen. Dabei ist es nicht notwendig, stets alle Aspekte zu berücksichtigen, da dies bei kleineren Tests zu einem Overkill führen kann. Ausschlaggebend ist, dass die Materialien die Ziele des Tests unterstützen und so dazu beitragen, die benötigten Antworten für die Untersuchung zu liefern.[113]

Die Richtlinien für Beobachter: Der Einsatz von Beobachtern kann aus verschiedenen Gründen wichtig sein, nicht zuletzt weil die Möglichkeit besteht deren Notizen später zu nutzen und auszuwerten. Ganz gleich, ob die Beobachter mit den Probanden im selben Raum sitzen oder in einem Separaten, ist es ratsam ihnen einige Richtlinien vorzugeben, da dies für die Meisten eine ungewohnte Situation darstellt. Sie sollten eine Merkliste erhalten, was während der Beobachtung zu tun und was zu unterlassen ist. Es besteht ebenfalls die Möglichkeit, ihnen Hinweise zu geben auf was geachtet werden soll und wie der maximale Nutzen aus ihrer Anwesenheit gewonnen werden kann. All dies erfolgt in einer kleinen Besprechung, bei der den Beobachtern die Testmethode, der Testablauf sowie deren Richtlinien bekannt gegeben werden. Solche Richtlinien enthalten im Allgemeinen Anmerkungen zur Körpersprache und dem Geräuschpegel, dem Notizenmachen und der Art von Fragestellungen, falls dies erwünscht ist.[114] Ein Beispiel für solche Richtlinien befindet sich im Anhang.

---

[113] Vgl. Rubin/Chisnell, 2008, S. 153f..
[114] Vgl. Rubin/Chisnell, 2008, S. 154.

Der Orientierungsplan: Der Orientierungsplan (oder Einführungstext) stellt ein Kommunikationsmittel dar, welches den Testteilnehmern wortwörtlich vorgelesen wird. Er beinhaltet, was während des Tests geschehen wird und zeigt den Probanden die Bedeutung des Tests auf. Zudem wird damit versucht die Testkandidaten zu beruhigen, indem sie darüber informiert werden, was sie zu tun haben und nochmals betont wird, dass nicht sie selbst, sondern lediglich das Produkt getestet wird.[115] Bei der Erstellung eines Orientierungsplans sind drei wichtige Punkte zu beachten:[116]

- Die Sprachwahl ist professionell, aber freundlich zu wählen,
- die Länge der Ansprache ist auf ein Minimum zu reduzieren und
- sie ist jedem Teilnehmer einzeln vorzutragen.

Die Inhalte eines solchen Orientierungsplans sind typischerweise eine kurze Vorstellung der eigenen Person, das Anbieten von Erfrischungsgetränken und eine kurze Erklärung, warum die Teilnehmer hier sind. Anschließend wird ihnen der Testablauf sowie die Testumgebung und Testmaterialien vorgestellt. Es wird überprüft, ob die anwesenden Teilnehmer nicht schon einmal getestet wurden und ihnen verdeutlicht, dass sie jegliche Art von Fragen zu jeder Zeit des Tests stellen dürfen. Abschließend werden die Probanden auf die Fragebögen und die benötigten Formulare hingewiesen. Es ist bei einem Orientierungsplan nicht zwingend notwendig alle genannten Aspekte bei jedem Test zu berücksichtigen, da nicht immer alle Testmaterialien verwendet werden.[117]

Die Hintergrundfragen: Diese Fragen geben Aufschluss über historische Informationen der Teilnehmer, die helfen deren Verhalten und Leistung während des Tests zu verstehen. Sie verdeutlichen die Erfahrung des einzelnen Probanden, die Verhaltensweisen und Einstellungen über alle Bereiche hinweg, die den Verlauf des Tests betreffen. Die Hintergrundfragen dienen nicht nur dazu festzustellen, ob die festgelegten Anforderungen erfüllt werden, sondern auch zur Klassifizierung in Zielgruppen. Darüberhinaus werden auch Vorkenntnisse und Erfahrung der Testkandidaten untersucht. Dadurch kann festgestellt werden, ob die Leistung eines

---

[115] Vgl. Rubin/Chisnell, 2008, S. 155.
[116] Vgl. Rubin/Chisnell, 2008, S. 156f..
[117] Vgl. Rubin/Chisnell, 2008, S. 158ff..

Probanden durch seine bereits vorhandene Erfahrung beeinflusst wird gegenüber der Leistung eines Probanden ohne Erfahrung. Jedoch kann nicht festgestellt werden, ob sich diese positiv oder negativ auswirkt. Neben den bereits erwähnten Aspekten existieren noch zwei weitere, durch die eine Hintergrundbefragung wertvoll erscheint. Zum einen, um zu überprüfen, ob tatsächlich die richtigen Personen mit den notwendigen Voraussetzungen zum Test erscheinen. Oft werden Testteilnehmer über Agenturen angeworben, die die Voraussetzungen oder den Zweck der Untersuchung nicht richtig verstanden haben und so falsche Probanden rekrutiert werden. Zum anderen, um eine Übersicht über die einzelnen Teilnehmer sowohl für den Testmoderator als auch für die Beobachter zu erhalten.[118] Bei der Anfertigung eines solchen Fragebogens ist auf folgende Punkte zu achten:[119]

- Die Fragen sollten auf die Eigenschaften, die die Leistung der Kandidaten beeinflussen könnten, fokussiert sein.
- Der Fragebogen sollte leicht auszufüllen sein.
- Der Fragebogen sollte getestet sein.

Die Instrumente zur Datenerhebung: Im Bereich des Usability Testings übernehmen dies leistungsstarke Systeme und Software, wie beispielsweise das in Kapitel fünf verwendete Eyetracking-System von Tobii. Darüberhinaus werden nun kurz einige grundlegende Aspekte für die Instrumente der Datenerhebung erläutert. Der Zweck dieser Instrumente ist es, das Erheben aller Daten, die relevant für die Testziele sind, zu beschleunigen. Also die Daten während des Tests so schnell, prägnant und zuverlässig wie möglich zu sammeln. Ein gutes Tool ist zudem auch bei der Analyse und Auswertung der erhobenen Daten hilfreich. Da viele verschiedene Verfahren zur Datenerhebung existieren, ist es wichtig zu überprüfen, ob diese auch mit den Zielen und Fragestellungen des jeweiligen Tests übereinstimmen.[120] Dabei gilt es folgende Fragen zu beachten:[121]

- Welche Daten beziehen sich auf die Problemstellung aus dem Testplan?
- Wie sollen diese Daten gesammelt werden?

---

[118] Vgl. Rubin/Chisnell, 2008, S. 162.
[119] Vgl. Rubin/Chisnell, 2008, S. 163.
[120] Vgl. Rubin/Chisnell, 2008, S. 165.
[121] Ebenda.

- Wie sollen diese Daten gespeichert werden?
- Wie sollen diese Daten aggregiert und analysiert werden?
- Wie und wem sollen diese Daten präsentiert werden?
- Welche Ressourcen stehen zur Verfügung, um den ganzen Prozess zu unterstützen?

Um die richtigen Verfahren und Instrumente zur Datenerhebung zu wählen, sollte schon vor Testbeginn bekannt sein, welche Art von Daten aus der Untersuchung hervorgehen soll. Dabei wird generell zwischen Leistungs- und Präferenzdaten unterschieden. Bei Leistungsdaten handelt es sich um objektive Messungen von Verhalten, wie die Fehlerraten und der benötigten Zeit. Solche Daten werden durch die Beobachtungen während des Tests und durch die Auswertungen der Videoaufnahmen gewonnen. Im Gegensatz dazu sind Präferenzdaten eher subjektiver Natur, die versuchen die Gefühle und Meinungen der Probanden zu messen. Diese Daten werden aus schriftlichen Berichten, Gesprächen oder aus Onlinebefragungen der Teilnehmer erhoben. Beide Arten von Daten können anschließend entweder qualitativ oder quantitativ ausgewertet werden. So ist es in der Praxis üblich, dass für formative Tests meist eine qualitative Auswertung gewählt wird, da hier der Schwerpunkt auf dem Benutzerverständnis liegt. Für summative Tests hingegen wird eine quantitative Auswertung gewählt, da hier der Schwerpunkt auf die Einhaltung von Standards oder der Messung anhand von Benchmarks liegt.[122]

Die Vereinbarungen: Neben all den bereits genannten Aspekten, ist auch der rechtliche Aspekt, der bei einem Usability Test auftritt, zu berücksichtigen. Dieser dient dazu Geheimhaltungsvereinbarungen zu treffen sowie Einverständniserklärungen und Aufnahmeerlaubnisse zu erhalten.[123]

Der Zweck von Geheimhaltungsvereinbarungen ist es, die unbefugte Weitergabe von geschützten Informationen zu verhindern, welche die Probanden während des Tests

---

[122] Vgl. Rubin/Chisnell, 2008, S. 165f..
[123] Vgl. Rubin/Chisnell, 2008, S. 173.

erhalten. Dies ist besonders wichtig bei Tests, die vor der Veröffentlichung eines Produktes oder Services durchgeführt werden.[124]

Einverständniserklärungen dienen dazu, die schriftliche Einwilligung der Testkandidaten zu erhalten, gewonnene Informationen verwerten und veröffentlichen zu dürfen. Ebenso müssen die Teilnehmer über mögliche Risiken, dem Ablauf und den Zweck der Untersuchung aufgeklärt werden. Anschließend treffen die Probanden ihre Entscheidung und bestätigen ihre Teilnahme am Experiment, ebenfalls durch eine Einverständniserklärung.[125]

Die Aufnahmeerlaubnis stellt ebenso eine schriftliche Einwilligung dar, dass das gewonnene Aufzeichnungsmaterial verwendet werden darf, wie beispielsweise die Aufnahmen der Teilnehmer bei der Testdurchführung. Allerdings ist mit all diesen Informationen vertraulich umzugehen, um einen Missbrauch auszuschließen.[126]

Die Befragung vor dem Test: Im Gegensatz zur Hintergrundbefragung, die ebenfalls vor dem Test durchgeführt wird und vorwiegend dem Informationszweck dient, besteht der Zweck dieser Befragung darin, sich auf spezifische Testziele zu beziehen, wie dem ersten Eindruck eines Probanden vom zu testenden Produkt oder Service, der Einteilung in bestimmte Nutzergruppen oder den Grad der Erfahrung eines Testkandidaten festzustellen. Somit ist diese Befragung auch Teil des Test-Designs.[127]

Die Testszenarien: Sie bilden den tatsächlichen Umgang mit dem Produkt unter realen Bedingungen ab und stellen erweiterte Versionen der Aufgaben-Listen dar, die zuvor im Testplan entwickelt wurden. In vielen Fällen fasst ein einziges Testszenario mehrere Aufgaben aus der Aufgaben-Liste zusammen, da dies eher dem realen Handeln der Anwender entspricht.[128] Dabei enthalten Testszenarien folgende Dinge:[129]

- das Ergebnis, welches sich die Testteilnehmer bemühen zu erreichen,
- die Motive für den Umgang mit dem Produkt oder dem Service,

---
[124] Vgl. Rubin/Chisnell, 2008, S. 173.
[125] Ebenda.
[126] Ebenda.
[127] Vgl. Rubin/Chisnell, 2008, S. 174.
[128] Vgl. Rubin/Chisnell, 2008, S.182.
[129] Ebenda.

- die Verwendung von aktuellen Daten und Namen,
- der Zustand des Systems, wenn die Aufgabe begonnen wird und
- die Objekte, die die Probanden während des Tests sehen werden.

Diese Szenarien können entweder an die Testkandidaten ausgegeben werden oder persönlich vorgelesen werden. Falls sie in Schriftform vorliegen, ist eine klare Sprache zu wählen, die sich von der beim Produkt verwendeten Sprache abhebt. Sie können zur gleichen Zeit wie die Aufgaben-Listen erstellt werden, allerdings sollte dies hintereinander geschehen.[130] Im Folgenden sind fünf wesentliche Merkmale zur Erstellung von Testszenarien zusammengefasst:[131]

1) Es sind realistische Szenarien zu erstellen, die den Probanden motivieren.

2) Es ist eine Reihenfolge für die Testszenarien festzulegen.

3) Die Szenarien sind an die Fähigkeiten der Teilnehmer anzupassen.

4) Fachsprache und Stichworte sind zu vermeiden.

5) Der Inhalt der Szenarien sollte zeitlich gut zu bewältigen sein.

Die Befragung nach dem Test: Der Hauptzweck dieser Befragung ist es, Informationen von den Probanden zu erhalten, die helfen die Stärken und Schwächen des Produktes oder des Services besser zu erklären und zu verstehen. Die typischen Informationen stellen dabei die Meinungen und Gefühle der Probanden in Bezug auf die Benutzerfreundlichkeit und Erlernbarkeit dar. Dabei ist es sehr wichtig, dass allen Teilnehmern exakt die gleichen Fragen gestellt werden. Beim Erstellen dieses Fragebogens sind zwei Aspekte zu beachten. Zum einen der Inhalt, der sich damit befasst, was durch den Test erforscht werden soll. Zum anderen das Format, welches die Gestaltung des Fragebogens und die Formulierung der einzelnen Fragen betrifft.[132]

---

[130] Vgl. Rubin/Chisnell, 2008, S.182.
[131] Vgl. Rubin/Chisnell, 2008, S. 183ff..
[132] Vgl. Rubin/Chisnell, 2008, S. 192.

4.2.6 Die Voraussetzungen eines Testmoderators

Die Rolle des Testmoderators ist eine der wichtigsten im ganzen Untersuchungsprozess. Der Moderator ist letztendlich für sämtliche Vorbereitungen verantwortlich, angefangen vom Testmaterial über das Arrangieren von Testkandidaten bis hin zur Koordination der Teammitglieder, falls vorhanden. Während des Tests ist er für alle administrativen Aufgaben verantwortlich, d.h. für die Begrüßung der Probanden, der Datenerhebung sowie der Nachbesprechung mit den Teilnehmern. Nach dem Test ist es seine Aufgabe die erhaltenen Daten zu sortieren, den Ablauf der Untersuchung mit den Teammitgliedern zu besprechen sowie sicherzustellen, dass die festgelegten Testziele erfüllt wurden. So entscheidet er auch darüber, ob ein Test durchgeführt oder abgebrochen wird. Aus diesen Gründen ist es sehr wichtig einen geeigneten Testmoderator zu finden, da ansonsten ein Großteil der Vorbereitungen erfolglos bleibt und dadurch die Ergebnisse ernsthaft beeinträchtigt werden können.[133]

Deshalb sind die Voraussetzungen, die ein Testmoderator erfüllen sollte, vor allem, dass er gute Fähigkeiten im Kommunizieren, Organisieren und Koordinieren besitzt sowie Kenntnisse im Usability Testing und dass er dem Testobjekt und dem Unternehmen neutral gegenübersteht. Darüberhinaus ist bei einem Testmoderator darauf zu achten, dass er flexibel ist, eine langandauernde Auffassungsgabe besitzt und mit Menschen umgehen kann. Er sollte in großen Maßstäben denken können und über ein gutes Gedächtnis verfügen.[134]

4.3 Das Durchführen eines Usability Tests

Nachdem alle Vorbereitungen getroffen sind, gilt es bei der Durchführung eines Usability Tests einige grundlegende Elemente zu beachten. Bevor diese jedoch Schritt für Schritt besprochen werden, werden wesentliche Aspekte bei der Moderation einer Testsession betrachtet.

So hat der Moderator die Aufgabe, sich während des Tests neutral zu verhalten. Das bedeutet, dass der Moderator keinerlei persönliche Interessen zeigt oder versucht Einfluss auf den Teilnehmer oder den Verlauf des Tests zu nehmen. Er sollte sich Fehlern und Fehlverhalten genauso gegenüber verhalten, wie wenn der Proband das

---
[133] Vgl. Rubin/Chisnell, 2008, S. 46.
[134] Vgl. Rubin/Chisnell, 2008, S. 48ff..

erwünschte Verhalten aufweist oder das "Richtige" tut. In diesem Zusammenhang ist es auch wichtig, dass der Moderator auf seine Stimmlage und Körpersprache achtet, da er ansonsten Gefahr läuft, seinen neutralen Standpunkt zu verlieren. So hat er stets objektiv zu bleiben, zugleich jedoch eine entspannte Situation zu wahren. Er hat darüberhinaus jeden Teilnehmer individuell zu behandeln, da jeder Mensch eine unterschiedliche Wahrnehmung und Verhaltensweise besitzt und somit jede Testsession einen anderen Verlauf nehmen kann. Falls die Möglichkeit besteht, ist die "Methode des lauten Denkens" anzuwenden, da diese es erlaubt, an den Gedankengängen der Probanden teilzuhaben und sie somit besser nachvollziehen und verstehen zu können. Wenn dem Moderator selbst ein Fehler unterläuft, ist der Test ohne Unterbrechung fortzusetzen, da dies die Testkandidaten durch die ungewohnte Situation und der eigenen Nervosität in den meisten Fällen nicht bemerken. Es ist darauf zu achten, dass eine neue Aufgabe erst dann begonnen wird, wenn der Proband die zuvor gestellte Aufgabe vollendet hat. Zudem sollte eine Unterstützung des Testteilnehmers als letzte Möglichkeit herangezogen werden, mit dem Test fortzufahren. Gründe hierfür sind beispielsweise ein Fehler im System, zu ergänzende Informationen bei Prototypen-Tests oder wenn die Testkandidaten kurz vor der Aufgabe stehen.[135]

Nachdem die Grundlagen der Moderation besprochen sind, wird nun die tatsächliche Testdurchführung betrachtet. Da es unzählige Details bei der Testdurchführung gibt, an die gedacht und die koordiniert werden müssen, ist es sehr hilfreich einige Checklisten zu entwickeln, die diesen Prozess erleichtern und davor schützen wichtige Punkte zu vergessen.[136] Jeffrey Rubin und Dana Chisnell entwickelten in ihrem Buch *Handbook of Usability Testing* drei Checklisten zur Testdurchführung, die hier vorgestellt werden. Checkliste 1 (links) ist für den Zeitraum von circa einer Woche vor dem Test gedacht[137] und Checkliste 2 (rechts) wird einen Tag vor dem Test abgearbeitet (Abb. 14).[138]

---

[135] Vgl. Rubin/Chisnell, 2008, S. 202ff..
[136] Vgl. Rubin/Chisnell, 2008, S. 213.
[137] Vgl. Rubin/Chisnell, 2008, S. 214.
[138] Vgl. Rubin/Chisnell, 2008, S. 216.

Checkliste 1
- ✓ Den Test selbst machen
- ✓ Einen Pilot-Test durchführen
- ✓ Das Produkt überarbeiten
- ✓ Die Ausrüstung und die Testumgebung überprüfen
- ✓ Wenn möglich, das Produkt oder den Service für die Zeit des Tests nicht verändern

Checkliste 2
- ✓ Das Video-Equipment auf Vollständigkeit und Funktionstüchtigkeit überprüfen
- ✓ Das Test-System, sowohl Hard- als auch Software, überprüfen
- ✓ Alle verfassten Testmaterialien zusammenstellen
- ✓ Den Status der Testteilnehmer überprüfen
- ✓ Zweit-Check der Testumgebung und des Equipments

Abbildung 14: Checklisten 1 und 2.

Checkliste 3 (Abb. 15) ist für den Tag der Testdurchführung selbst.[139]

Checklist 3
- ✓ Die Testkandidaten begrüßen
- ✓ Alle vorbereitenden Dokumente von den Teilnehmern ausfüllen und unterschreiben lassen
- ✓ Den Orientierungsplan vorlesen und verteilen
- ✓ Die ausgefüllten Dokumente auf Vollständigkeit und Richtigkeit überprüfen
- ✓ In das Testlabor gehen und den Test vorbereiten
- ✓ Die Aufnahmen starten
- ✓ Die Test-Szenarien den Teilnehmern vorlesen oder aushändigen
- ✓ Benötigte Zeit messen, Teilnehmer beobachten und Daten sammeln
- ✓ Überprüfen, ob der Proband den Fragebogen nach dem Test ausgefüllt hat
- ✓ Besprechung mit dem Testkandidaten
- ✓ Die Test-Session abschließen
- ✓ Die Daten und Fragebögen einsammeln
- ✓ Besprechung mit den Beobachtern
- ✓ Für ausreichend Zeit zwischen den einzelnen Tests sorgen
- ✓ Auf den nächsten Probanden vorbereiten

Abbildung 15: Checkliste 3.

Natürlich können nicht alle Situationen, die während eines Test auftreten können, durch Richtlinien und Checklisten abgedeckt werden. Deshalb ist es in manchen Fällen nötig vom Testplan abzuweichen. Einige dieser Situationen werden nun genannt:[140]

- Falls der Testkandidat das Testszenario nicht versteht oder sich nicht damit identifizieren kann.

- Falls während des Tests weitere Bereiche entdeckt werden, die getestet werden müssen, aber nicht im ursprünglichen Testplan enthalten sind.

---

[139] Vgl. Rubin/Chisnell, 2008, S. 218.
[140] Vgl. Rubin/Chisnell, 2008, S. 226f..

- Falls festgestellt wird, dass die falschen Fragen für die Fragebögen gewählt wurden.
- Falls andere Testteilnehmer erscheinen als erwartet.
- Falls die Zeitplanung nicht eingehalten werden kann.

4.4 Das Auswerten von Testergebnissen

Ist der Test durchgeführt und eine große Menge an Daten gesammelt worden, gilt es diese korrekt auszuwerten und daraus Handlungsempfehlungen abzuleiten. Ganz allgemein lässt sich dieser Prozess in zwei unterschiedliche Analysen gliedern:[141]

- Die Voranalyse (siehe Kap. 4.4.1), welche schnell die wichtigsten bzw. schwerwiegendsten Probleme feststellt, so dass diese umgehend behoben werden können, ohne auf den fertigen Abschlussbericht warten zu müssen. Diese Analyse wird nach dem Test sobald wie möglich durchgeführt. Anschließend werden die Ergebnisse entweder als ein kleiner Kurzbericht zusammengefasst oder als eine Präsentation vorgetragen. Der Zweck einer Voranalyse besteht im Allgemeinen darin, die groben Fehler zu beseitigen, um tiefere Erkenntnisse über Trends und Verhaltensmuster zu erhalten.

- Die umfassende Analyse (siehe Kap. 4.4.2), welche innerhalb von zwei bis vier Wochen nach dem Test angefertigt wird. Das Ergebnis dieser Analyse ist ein detaillierter Abschlussbericht, der sämtliche Erkenntnisse aus der Testdurchführung und Handlungsempfehlungen beinhaltet.

4.4.1 Die Analyse von gewonnen Daten und Beobachtungen

Dieser Prozess besteht aus dem Zusammentragen, dem Zusammenfassen und der Analyse der gewonnenen Daten. Diese drei Punkte werden nun genauer betrachtet.

- Das Zusammentragen und Organisieren aller erhobenen Daten erlaubt es, Muster in den Datenbeständen erkennen zu können. Dies hilft dabei, sicherzustellen, dass die richtigen Daten gesammelt und die Problemstellungen aus dem Testplan korrekt erfasst wurden. Falls die Testdurchführung sich über mehrere Tage erstreckt, ist dies täglich zu tun, um so den Überblick zu behalten und die Konsistenz zu wahren. Unter dem

---
[141] Vgl. Rubin/Chisnell, 2008, S. 245.

Zusammentragen fällt auch das Digitalisieren von analogen Aufnahmen, schriftlichen Notizen und Fragebögen sowie das Zusammenfassen der quantitativen Daten in einer Tabellenkalkulation. Wichtig hierbei ist die Organisation der Vielzahl an unterschiedlichen Daten, wie Listen, Matrizen, Struktur- und Flussdiagrammen und Ähnlichem. Der einfachste Weg dazu ist, ein Tabellenkalkulationsprogramm zu verwenden. Neben der Tatsache, dass es Schriften, Kalkulationen und Diagramme verarbeiten kann, unterstützt es bei der Berechnung von Durchschnitten, Medianen und Prozentsätzen. Darüberhinaus verfügt es über einen Sortier- und Filtermechanismus, der auch beim Abgleichen von Texten sehr hilfreich sein kann.[142]

- Nach Abschluss des Tests und dem Zusammentragen der Daten, werden diese in einer Zusammenfassung nach Aufgabenstellung aggregiert. Sie dient dazu, Leistungsunterschiede und Unterschiede bei verschiedenen Gruppen und Produktversionen aufzuzeigen. Dabei wird nach Leistungs- und Präferenzdaten unterschieden. Leistungsdaten beziehen sich dabei auf begangene Fehler, Aufgabengenauigkeit sowie der Zeiteinhaltung, wie beispielsweise der Prozentanteil der erfolgreich durchgeführten Aufgabenstellung mit und ohne Unterstützung, der durchschnittlichen Bearbeitungszeit oder die Dauer der Durchlaufzeiten. Präferenzdaten hingegen beziehen sich auf die durchgeführten Umfragen, den ausgefüllten Fragebögen und den angefertigten Notizen. Darüberhinaus können noch weitere Messungen eine Rolle spielen, wie beispielsweise die Anzahl der gegebenen Hinweise und Aufforderungen oder die Anzahl der aufgetretenen Probleme.[143]

- Bei der Analyse der aggregierten Daten ist nochmals zu verdeutlichen, dass das Zusammenfassen nach Aufgabenstellung eine bewusste Entscheidung ist, da die Aufgaben den Standpunkt und die Ziele der Nutzer darstellen. Deshalb ist beim Zusammenfassen der Daten stets aufgabenorientiert vorzugehen. Dabei ist die zentrale Frage zu beantworten: Kann der Anwender die vorgegebenen Aufgaben mit dem Produkt oder Service lösen? Falls dies nicht der Fall ist, ist die Quelle hierfür zu finden. Um nun die Analyse zu

---
[142] Vgl. Rubin/Chisnell, 2008, S. 247f..
[143] Vgl. Rubin/Chisnell, 2008, S. 249ff..

beginnen sind die Aufgaben festzustellen, bei denen die User am meisten Probleme hatten. Dies gewährleistet, dass das Augenmerk auf den schwerwiegendsten Problemen gerichtet bleibt. Ferner sind die Aufgaben zu identifizieren, die nicht das Erfolgskriterium erfüllt haben. Sind diese gefunden, gilt es die Fehler und Schwierigkeiten, die die Nutzer dabei hatten, zu erkennen und zu beheben. Zu diesem Zweck wird eine Fehlerquellenanalyse durchgeführt. Sie stellt den arbeitsintensivsten Teil der Aufbereitung des Tests dar. Ihr Ziel besteht darin, die Gründe für die Probleme der Anwender herauszufinden, da andernfalls keine präzisen Handlungsempfehlungen abgeleitet werden können. Sie kann entweder selbst oder innerhalb eines Workshops mit den beteiligten Beobachtern durchgeführt werden. Dabei wird es offensichtliche Fehler geben, die einfach zu beheben sind, aber auch Fehler, die eine größere Herausforderung darstellen. Sind zum Beispiel mehrere Komponenten für einen Fehler verantwortlich, kann eine verwirrende Navigation das primäre Problem darstellen, gefolgt vom Inhalt des Dokuments und den Informationen aus der Support-Hilfe. In solchen Fällen vereinfacht das Beheben der primären Fehlerquelle das Lösen der folgenden Fehler. Nachdem die Fehler gefunden wurden, ist der nächste Schritt diese zu Priorisieren. Dazu können viele Kriterien herangezogen werden, hier wird als ein Beispiel der kritische Zustand eines Fehlers genannt. Er ist definiert durch die Schwere eines Problems und dessen Auftrittswahrscheinlichkeit. Der Grund für eine solche Priorisierung ist, dass sie die Struktur und die Reihenfolge bei der Beseitigung der Fehler festlegt. So können die schwerwiegendsten Fehler schnellstmöglich beseitigt werden.[144]

4.4.2 Die Anfertigung einer umfassenden Analyse

Die Ergebnisse einer Usability-Untersuchung bestehen nicht nur aus Tabellen und Listen von Daten und Aspekten, sondern umfassen sämtliche Erkenntnisse, die während des Tests erlangt wurden. Dabei ist zu unterscheiden zwischen Ergebnisse, die als Dokumentation der gesammelten und analysierten Daten anzusehen sind, und Befunde, die Rückschlüsse aus den Beobachtungen der Analyse ziehen.[145] Ein Befund beinhaltet also eine präzise Definition der Fehlerursache und der

---
[144] Vgl. Rubin/Chisnell, 2008, S. 258ff..
[145] Vgl. Rubin/Chisnell, 2008, S. 269.

Fehlerbehebung. Sind die Gründe für die aufgetretenen Fehler klar, ist zu überlegen wie dieses "ah-ha"-Erlebnis Anderen vermittelt werden kann, um das Verständnis für die begangenen Fehler zu vertiefen. Sie werden dabei meist im Schlagzeilen-Stil oder als prägnante Aussagen formuliert, die die Essenz des Usability-Problems herausstellen und somit das Herzstück des Abschlussberichts bilden. Bei der Gestaltung des Berichts sind einige grundlegende Dinge zu beachten:[146]

- Das Formulieren der Befunde,

- das Anreichern des Berichts mit Ergänzungen, Zitaten und Abbildungen,

- das Anfertigen einer Zusammenfassung der Befunde als Einführung,

- das Anordnen der Befunde in einer sinnvollen Reihenfolge.

Beim Entwerfen des Abschlussberichts ist es oftmals hilfreich, einige Zeit Abstand davon zu nehmen, um so neue Perspektiven zu gewinnen. Die Ziele, die mit einem solchen Bericht verfolgt werden, sind zum einen die Befunde, Empfehlungen und Vereinbarungen zu dokumentieren sowie die Ziele, die mit dem Test verfolgt wurden, und die verwendeten Methoden und Protokolle. Zum anderen gibt dieser Report den Entwicklern und Designern die Richtung vor, wie die Probleme gelöst werden und stellt eine Zusammenfassung der wichtigsten Erkenntnisse für das Management in Bezug auf die geschäftlichen Belange dar. Aus diesen Gründen ist der Bericht verständlich und in sich schlüssig zu gestalten. Der Hauptteil des Reports beinhaltet eine Kurzübersicht, die angewandten Methoden, die erhaltenen Ergebnisse sowie die Befunde und Handlungsempfehlungen, die folglich genauer betrachtet werden.[147]

Nachdem nun die einzelnen Befunde vorliegen, sind daraus Handlungsempfehlungen abzuleiten. Dabei ist es wichtig zu wissen, dass dies weder eine leichte Aufgabe darstellt noch dass dazu bestimmte Vorgehensweisen bestehen. Da jede Formulierung von unterschiedlichen Personen eigens interpretiert werden kann, sind die Befunde zusammen mit einer Erläuterung und gegebenenfalls einer Empfehlung zu diskutieren.[148]

Beim Ableiten von Empfehlungen ist auf Folgendes zu achten:

---

[146] Vgl. Rubin/Chisnell, 2008, S. 270.
[147] Vgl. Rubin/Chisnell, 2008, S. 271ff..
[148] Vgl. Rubin/Chisnell, 2008, S. 275.

- Das Fokussieren auf Lösungen, die den größten Einfluss nehmen. Das bedeutet, dass sich globale Änderungen auf alles weitere auswirken und deshalb als erstes durchzuführen sind. So stellt beispielsweise die Empfehlung ein Feld auf einer einzelnen Seite zu ändern nur eine sehr geringe Beeinflussung dar, die Empfehlung hingegen das komplette Navigationsschema umzustellen eine weitaus Größere.[149]

- Das Ausblenden von Unternehmenspolitischen Überlegungen beim ersten Entwurf. Die Überlegungen, ob eine Umsetzung möglich ist oder ob sie für das Management akzeptabel ist, werden erst später angestellt. Denn dadurch wird die Objektivität gewahrt und der Nutzer bleibt so zunächst der Mittelpunkt der Betrachtung.[150]

- Das Erstellen von kurz- und langfristigen Empfehlungen. Dies ist wichtig, da oftmals empfohlene Änderungen nicht mehr rechtzeitig bis zum Release umgesetzt werden können und Übergangslösungen für tiefgreifende Probleme nicht ausreichend sind. Für solche Probleme sind weitgreifende Lösungen zu entwickeln. Deshalb sind kurzfristige Empfehlungen für Änderungen gedacht, die nicht den festgelegten Zeitplan gefährden, und langfristige Empfehlungen für Änderungen, die den langfristigen Erfolg des Produktes oder Services sicherstellen.[151]

- Das Feststellen von Bereichen, die weitere Untersuchungen benötigen. Da das Usability Testing keine einmalige Untersuchung darstellt, die alle Probleme auf einmal löst, sind Usability-Untersuchungen immer wieder neu durchzuführen. Hinzu kommt, dass durch Verbesserungsmaßnahmen neue Funktionen hinzukommen, die wiederum getestet werden müssen. Nur durch wiederholtes Testen ist eine kontinuierliche Verbesserung sicherzustellen. Aus diesem Grund ist im Abschlussbericht ein Abschnitt mit zukünftigen Untersuchungsfeldern mit einzubinden.[152]

---

[149] Vgl. Rubin/Chisnell, 2008, S. 278.
[150] Vgl. Rubin/Chisnell, 2008, S. 280.
[151] Ebenda.
[152] Vgl. Rubin/Chisnell, 2008, S. 281.

Abschließend ist zu erwähnen, dass auch der Abschlussbericht selbst der Usability unterliegt. Deshalb ist auch über ihn ein Feedback von den Adressaten einzuholen:[153]

- ob sie die benötigten Informationen erhalten haben,
- ob alle Informationen vollständig vorhanden waren,
- ob der Aufbau und die Gestaltung des Berichts einfach und verständlich waren.

5 Durchführung eines Usability Tests anhand eines Tobii Eyetracking-Systems

In diesem Kapitel werden die zuvor theoretisch beschriebenen Kenntnisse und Vorgehensweisen in einer praktischen Studie umgesetzt. Durch den engen Zeitplan und die geringen Ressourcen werden nicht alle Bereiche aus den vorherigen Kapiteln abgedeckt. Es wird jedoch anhand eines Usability Tests versucht, einen breiten Querschnitt durch die bearbeiteten Themengebiete darzustellen. Dazu werden die verschiedensten Testmaterialien angefertigt und eine Eyetracking-Studie an einer Website durchgeführt. Im folgenden Abschnitt wird die Planung und Vorbereitung der Materialien und der Tests vorgestellt. Im Anschluss werden die einzelnen Tests und deren Versuchsaufbau genauer dargestellt. Dabei wird auch die Durchführung der Tests behandelt. Abschließend wird eine Auswertung der erhaltenen Daten stattfinden und Handlungsempfehlungen gegeben.

5.1 Die Planung und Vorbereitung des Usability Tests

Zunächst wird kurz die zu untersuchende Website vorgestellt. Daraufhin werden die Zielsetzungen und Fragestellungen der Untersuchung behandelt sowie die Planung und Vorbereitung. Dabei werden die angefertigten Testmaterialien sowie das verwendete Equipment vorgestellt. Schließlich wird das Einrichten des Projektes erläutert.

5.1.1 Die Vorstellung der zu untersuchenden Website

Bei der Website, die untersucht wurde, handelt es sich um www.polstermöbel.de. Dieser Pure-Online-Player bietet seinen Kunden die Möglichkeit, mit Hilfe des

---

[153] Vgl. Rubin/Chisnell, 2008, S. 283.

eigenen Shop-Konfigurators, aus 36 Anbietern Couchen zu wählen und die Ausführung dieser nach Wunsch selbst zu gestalten und zu erwerben. Die Website www.polstermöbel.de ist eine Marke der Wiki Group, die ihren Sitz in Kitzingen hat. Der Wettbewerbsvorteil dieses Shops liegt darin, dass die Familie des Betreibers seit vielen Jahren einen Schreinereibetrieb führt und so die individuellen Anpassungen der Couchen selbst im eigenen Betrieb durchführen kann. Der Betreiber selbst absolvierte ein Studium der Betriebswirtschaftslehre, wodurch auch das Unternehmen professionell geführt wird. Da für die Website in den nächsten Monaten ein kompletter Relaunch geplant ist, stellen die Ergebnisse dieser Studie einen großen Nutzen für das Design-Team dar, um die gewonnen Ergebnisse direkt beim Neuentwurf umzusetzen.

5.1.2 Die Ziele des Usability Tests

Die Zielsetzung dieser Untersuchung war es, grundlegende Daten über die Effektivität von www.polstermöbel.de zu sammeln, indem:

- eine Bewertung über die Gesamteffizienz der bestehenden Website zusammengestellt wird,

- Probleme bei der Kaufabwicklung identifiziert und

- Handlungsempfehlungen aus den erhaltenen Ergebnissen abgeleitet werden.

Auf Grund dieser Zielsetzung ergaben sich folgende Forschungsfragen:

- Welchen Objekten der ausgewählten Landing Page wird die meiste Aufmerksamkeit geschenkt im Moment des ersten Kontakts?

- Wie leicht fällt es den Nutzern eine Bestellung durchzuführen?

- Wo liegen die schwerwiegendsten Probleme der Nutzer bei einer Bestellung?

- Welche Fragen ergeben sich bei den Probanden während der Testdurchführung?

5.1.3 Die verwendeten Testmaterialien

Wie bereits in Kapitel 4.2.5 ausführlich dargestellt, spielen die verwendeten Testmaterialien eine wichtige Rolle bei der Testplanung und Durchführung. Für diese Untersuchung wurde deshalb ein Anfrageformular (Abb. 16) für die Rekrutierung von

Probanden angefertigt, sowie ein Testplan, der als Leitfaden für die komplette Studie diente. Des Weiteren wurde ein session script für die Testdurchführung selbst und ein Testszenario, welches von den Probanden auszuführen war, erstellt. Das Anfrageformular wurde mittels Microsoft Word 2007 erstellt und den Teilnehmern per E-Mail zugesendet. Dieses diente dazu, grundlegende Daten von den Probanden zu erhalten, wie Geschlecht, Alter und Online-Shopping Erfahrung.[154]

1) Was machen Sie beruflich?
   Klicken Sie hier, um Text einzugeben.

2) Welchem Geschlecht gehören Sie an?
   ○ Mann   ○ Frau

3) Wie alt sind Sie?
   Klicken Sie hier, um Text einzugeben.

4) Tragen Sie am Rechner eine Sehhilfe?
   ○ Brille   ○ Kontaktlinsen   ○ Keine

5) Wie oft kaufen Sie im Monat Produkte in herkömmlichen Geschäften ein, die Sie nicht täglich benötigen, wie Elektronik, Unterhaltungsmedien, Möbel oder Kleidung?
   Wählen Sie ein Element aus.

6) Haben Sie schon einmal online eingekauft?
   ○ Ja   ○ Nein

Abbildung 16: Ausschnitt aus dem Anfrageformular.

Der Testplan diente als Anhaltspunkt für den gesamten Testverlauf, da dieser alle Daten für die Testdurchführung enthält. Dies betrifft beispielsweise den zeitlichen Ablauf des Projekts, den Testzeitplan und den Zeitplan für die einzelnen Testdurchführungen (Abb. 17).

Was	Wann
Erste Arbeitsschritte	02. Nov. 2011
• Klärung der Projektziele, des Umfangs und der Ergebnisse	
• Festlegen der Eigenschaften von Probanden	
• Vereinbarung über den endgültigen Zeitplan	
Anfertigung des finalen Testplans	15. Jan. 2012
Auswählen von Probanden	31. Jan. 2012
Anfertigung des finalen session script's	02. Feb. 2012
Probedurchlauf des session script's	06. Feb. 2012
14 Testdurchführungen à 15-20 Minuten	06. Feb. – 08. Feb. 2012
Anfertigung des Abschlussberichtes	09. Feb. – 01. März 2012
Abgabe der gesamten Arbeit	27. März

Zeit	Montag, 06. Feb.	Dienstag, 07. Feb.	Mittwoch, 08. Feb.
09:00 – 10:45	Eintreffen, Vorbereiten	Test 4	Test 11
10:45 – 11:00	Pilot Test	Test 5	Test 12
12:00 – 13:30	Nachkontrolle	Zwischenkontrolle	Test 13
13:30 – 14:15	Anpassungen	Test 6	Test 14
14:15 – 15:15	falls nötig	Test 7	
15:30 – 16:50	Test 1	Test 8	
16:00 – 16:20	Test 2	Test 9	
16:30 – 16:50	Test 3	Test 10	

Abbildung 17: Links: Projektzeitplan - Rechts: Testzeitplan.

---

[154] Sämtliche Testmaterialien sind im Anhang zu finden.

Die Verwendung des session script's (Abb. 18) stellte sicher, dass jede Testsitzung dem gleichen Ablaufschema folgte und den Probanden die gleichen Informationen zu kamen, so dass die Vergleichbarkeit aller Tests gewährleistet war. So wurde hier selbst der Dialog mit den Probanden wörtlich niedergeschrieben.

„Ich danke Ihnen für die Teilnahme an dieser Eyetracking Studie. Mein Name ist Danny Nauth und ich heiße Sie herzlich Willkommen. Könnte ich ihren ausgefüllten Fragebogen, den ich Ihnen per E-Mail habe zukommen lassen, haben? Danke. (Falls nicht dabei, ihnen jetzt einen neuen Fragebogen geben und ausfüllen lassen)

Abbildung 18: Ausschnitt aus dem session script.

Das Testszenario[155] beinhaltet die Ausgangssituation, die Aufgabe, die die Probanden zu erfüllen hatten, sowie die dazu benötigten Informationen. Der Inhalt des Testszenarios wird bei den folgenden Versuchsaufbauten genauer erläutert.

5.1.4 Das verwendete Equipment

Hardware:

- Tobii T60 Eye Tracker
- Samsung Notebook RF711 mit integrierter Webcam und Mikrofon
- Aiptek HD Camcorder
- Internetverbindung über eine Glasfaser-Hochgeschwindigkeitsleitung des DFN-Hochschulnetzes

Software:

- Tobii Studio Version 2.3.2.0
- Windows 7 Home Premium mit Service Pack 1
- Jing von TechSmith Version 2.4.10231
- Microsoft Internet Explorer (IE) 8
- Microsoft Office 2007

---

[155] Siehe Anhang.

5.1.5 Das Einrichten des Projekts in Tobii Studio

Das Projekt wurde als neues Projekt unter dem Namen *Bachelorarbeit_5009403* angelegt. Innerhalb des Projektes wurden zwei Tests mit den Bezeichnungen *Spontaneous Looking Test* und *Task-Oriented Looking Test* angelegt. Anschließend wurde unter den Einstellungen für die Kalibrierung die Anzahl der Kalibrierungspunkte auf neun erhöht, um die präziseste Kalibrierung zu erhalten.

Unter dem Menüpunkt *Manage Participants* wurden sowohl die unabhängigen Variablen aus dem Anfrageformular eingepflegt als auch die Testkandidaten selbst. Um die Daten der Testkandidaten zu anonymisieren, wurden sie im System mit der Bezeichnung P angelegt und durchnummeriert. Zudem wurde der erste Test mit einer Image-Datei durchgeführt und der zweite mittels eines Webelements, welches die Website im IE anzeigte.

5.2 Der Versuchsaufbau der einzelnen Tests

Der Usability Test wurde nach einem festgelegten Testablauf durchgeführt und fand im Hochschulgebäude der Hochschule Würzburg-Schweinfurt in Würzburg statt. Dort befindet sich ein Testlabor (Abb. 19) mit dem eben vorgestellten Equipment. Die Testkandidaten wurden zur Testdurchführung in dieses Labor eingeladen. Sie haben dort vor dem Eye Tracker die beiden nachfolgenden Tests durchgeführt. Während der Testsitzung wurden die Probanden mit zwei Kameras gefilmt. Die eine Kamera war auf das Gesicht der Probanden gerichtet, die andere nahm den gesamten Raum auf. Für jede Sitzung wurden etwa 20 Minuten benötigt, um die Teilnehmer zu begrüßen und einzuweisen, sie die Tests durchführen zu lassen, das Abschlussinterview mit Fragebogen zu führen und um sie abschließend zu verabschieden. Für die Vorbereitungen zwischen den einzelnen Testsitzungen wurden 10 Minuten eingeplant, um die Ergebnisse zu speichern und das Equipment sowie die Software wieder einsatzbereit zu haben.

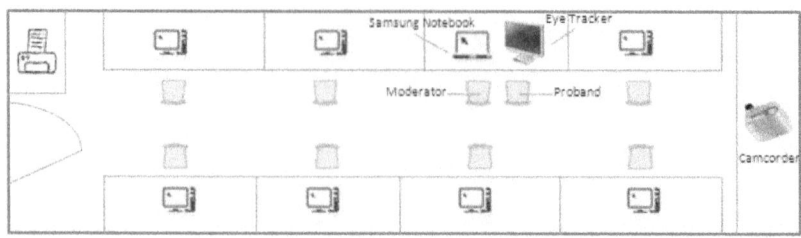

Abbildung 19: Aufbau des Labors.

5.2.1 Der Spontaneous Looking Test

Bei dieser Untersuchung wurde jedem Probanden eine ausgewählte Landing Page (LP) von www.polstermöbel.de für fünf Sekunden gezeigt (Abb. 20). Währenddessen zeichnete der Eye Tracker sämtliche Blickbewegungen des Probanden auf. Der Testkandidat selbst musste hier nichts weiter tun als die Seite zu betrachten. Dieser Test simuliert die Situation, in der der User zum ersten Mal auf die Website gelangt und zeigt welchen Objekten er dabei seine Aufmerksamkeit schenkt. Im Anschluss wurden dem Probanden einige Fragen zu diesem Bild gestellt.

Abbildung 20: Verwendeter Screenshot beim Spontaneous Looking Test.

5.2.2 Der Task-Oriented Looking Test

Bei diesem Test wurde den Probanden eine Aufgabe in Form eines Testszenarios ausgehändigt, das sie durchführen sollten. Die Ausgangssituation dieses Testszenarios bestand darin, dass sich die Probanden vorstellen sollten, dass sie sich eine neue Couch anschaffen wollen und ihr Wunschmodell auf www.polstermöbel.de gefunden haben. Sie haben sich dazu entschlossen diese zu kaufen und möchten nun die Bestellung durchführen. Dabei starteten die Testkandidaten auf der Startseite der Website. Im Testszenario waren die Eigenschaften, wie Marke, Modell und Zusätze, der zu bestellenden Couch festgehalten. Die Teilnehmer wurden zudem dazu aufgefordert ihre Gedanke während der Testdurchführung laut auszusprechen. Nach Abschluss dieser Aufgabe bekamen die Probanden einen Fragebogen zum Ausfüllen und es wurde ein kurzes Interview über die Ausführung des Tests geführt.

5.3 Die Durchführung des Usability Tests

Insgesamt nahmen 14 Probanden an der Testreihe teil. Davon waren acht männlich (ca. 57%) und sechs weiblich (ca. 43%). Bei den Probanden handelte es sich zum größten Teil um Studenten. Die Altersspanne erstreckte sich dabei von 20 bis 36 Jahren (Durchschnittsalter 26 Jahre).

Ausgenommen vereinzelter Probleme, die in Kapitel 5.5 erläutert werden, konnten alle Tests problemlos durchgeführt werden. Die daraus resultierenden Ergebnisse werden nun unter dem Punkt 5.4 besprochen.

5.4 Die Analyse der Ergebnisse

In diesem Kapitel werden die erhaltenen Ergebnisse analysiert und interpretiert. Dazu werden zunächst allgemeine Daten zusammengefasst. So wurden bei den 14 durchgeführten Tests etwa vier Stunden für die gesamte Testdurchführung und durchschnittlich etwa 18 Minuten pro Proband benötigt. Dabei wurden für die reine Aufgabenlösung beim Task-Oriented Looking Test insgesamt eine Stunde und 25 Minuten benötigt. Die durchschnittliche Zeit pro Proband liegt hier bei ca. sechs Minuten. Während der Aufgabenlösung wurden elf Hinweise und fünf Hilfestellungen gegeben, wobei Hilfestellungen als tatsächliche Eingriffe des Moderators anzusehen sind, ohne die die Aufgabe nicht oder nur mit großen Umwegen gelöst hätte werden können. Die Probanden benötigten zur Aufgabenlösung im Schnitt 36 Klicks bis zum Bestellabschluss, bei einer idealen Klickstrecke von 26 Klicks, die nur von einem Probanden korrekt erreicht wurde. Dabei wurden von den Probanden elf Fehler begangen, was letztlich dazu führte, dass von den 14 Tests sechs korrekt und acht mit einer falschen Bestellung beendet wurden. Es konnten alle Tests bis zum Ende der Bestellung durchgeführt werden, so dass es zu keinem Testabbruch kam.

5.4.1 Die Auswertung des Spontaneous Looking Tests

Dieser Test lieferte sehr interessante Ergebnisse in Bezug auf die Grenzen der verwendeten Software. So lässt sich auf Abbildung 21 eindeutig erkennen, dass die Probanden sowohl das Firmenlogo als auch Marke und Modell der Couch betrachtet haben. Allerdings sprechen hier die Antworten aus der darauffolgenden Befragung eine vollkommen andere Sprache. Hier konnte nicht einer der Probanden den korrekten Namen der Firma nennen. Zum Teil kam es dabei zu Fantasienamen, die sich aus dem tatsächlichen Namen und der Marke der Couch zusammensetzten. Im

Umkehrschluss kam es auch dazu, dass die Probanden, obwohl auf den Heatmaps keine Blicke registriert wurden, Dinge wie den roten Aktions-Stern am rechten Rand eindeutig wahrnahmen.

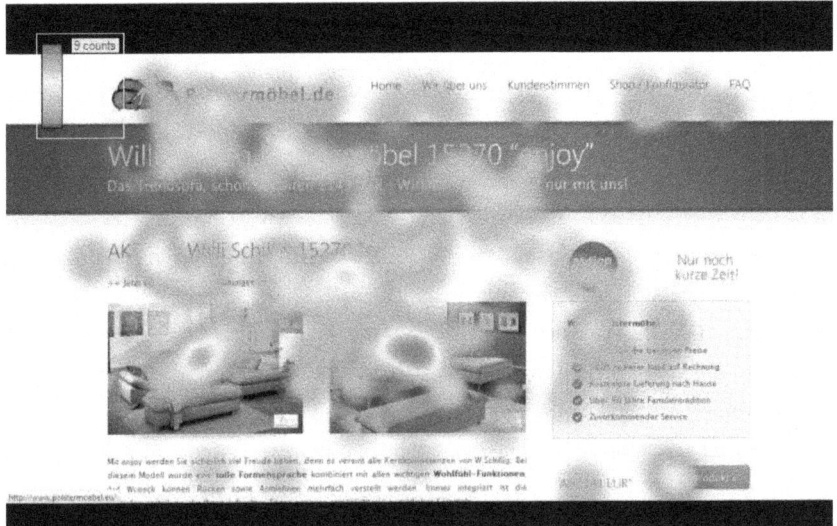

Abbildung 21: Heatmap aller Probanden aggregiert.

Diese Resultate zeigen sehr schön die Grenzen einer solchen Software auf; nämlich dass die Software wirklich nur die Fixationen des Auges zählen, dabei aber keinerlei Aussagen über die tatsächliche Wahrnehmung des Menschen treffen kann. Um solche Lücken schließen zu können, sind weitere Untersuchungsmethoden notwendig, die ein ganzheitliches Bild über den Probanden während des Tests abliefern.

Des Weiteren konnten die Ergebnisse aus dieser Untersuchung den Aufbau der getesteten LP bestätigen. So konnte die Wirkung der Eye-Catcher, wie den Bildern und dem Call-to-Action (CTA), bewiesen werden. Vor allem die Frauen richteten ihre Aufmerksamkeit auf die Bilder und nahmen dabei nicht einmal den CTA wahr. Die Männer hingegen verschafften sich zunächst einen kompletten Überblick über die Site und nahmen besonders den CTA wahr (Abb. 22).

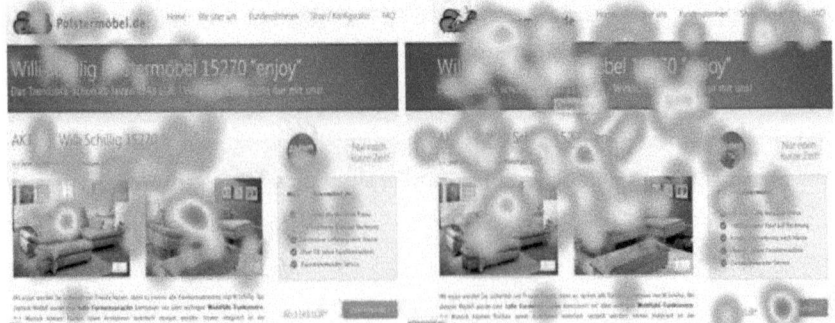

Abbildung 22: Links: Heatmap der Frauen - Rechts: Heatmap der Männer.

Es wurde auch ersichtlich, dass fast alle Probanden (93%) die Betrachtung in der Mitte des Bildes beginnen, ihre Aufmerksamkeit dann aber schnell (nach 0,76 Sek.) von anderen Objekten auf sich gezogen wird. Daher ist bei der Konzeption einer LP besonders darauf zu achten, welche Objekte oder Informationen in die Mitte der LP gestellt werden. Besonders deutlich wir dies, wenn die Cluster als AOIs übernommen (Abb. 23) und die daraus resultierenden Graphen betrachtet werden (Abb. 24).

Abbildung 23: LP mit AOIs aus der Cluster-Darstellung.

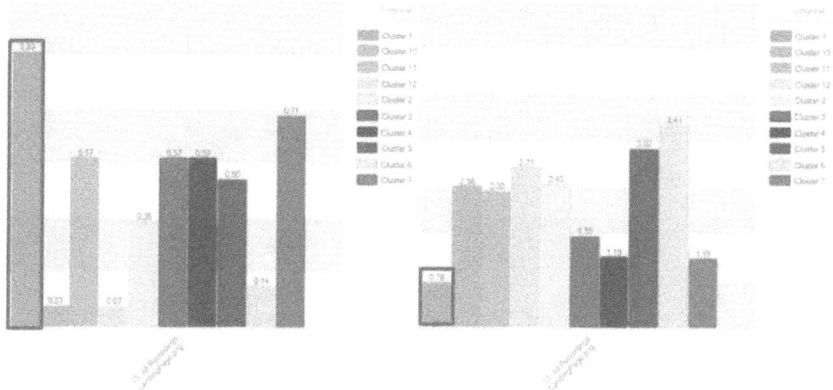

Abbildung 24: Links: Prozentanteil der Fixationen aggregiert - Rechts: Zeit der ersten Fixation aggregiert.

5.4.2 Die Auswertung des Task-Oriented Looking Tests

Die Ergebnisse dieses Tests sind sehr umfangreich, weshalb nun die einzelnen Etappen, während der Aufgabenlösung, Schritt für Schritt analysiert werden. Die Probanden starteten zunächst auf der Startseite der Website. Hier ist wiederum ersichtlich, dass User mit ihrem Blick meist in der Mitte der Website beginnen. Anschließend folgt ein kreisförmiger Blickverlauf im Uhrzeigersinn, um die Seite zu erkunden (Abb. 25). Dabei entscheidet sich der User für den zuletzt gesehenen „Zum Shop"-Button, um zu diesem zu gelangen. Dieses Beispiel eines Probanden stellt den typischen Blickverlauf aus dieser Testreihe dar.

Abbildung 25: Gaze Plots eines typischen Blickverlaufs auf der Startseite.

Nachdem die Probanden im Shop angekommen waren, wurden diese von der Menge an Herstellern zunächst überfordert und suchten als erstes nach einer Suchfunktion mit der Möglichkeit den Namen des Herstellers einzutippen. Dazu klickten sie auf den Schriftzug „Bitte wählen Sie einen Hersteller" und klappten die Registerkarte auf und zu (Abb. 26).

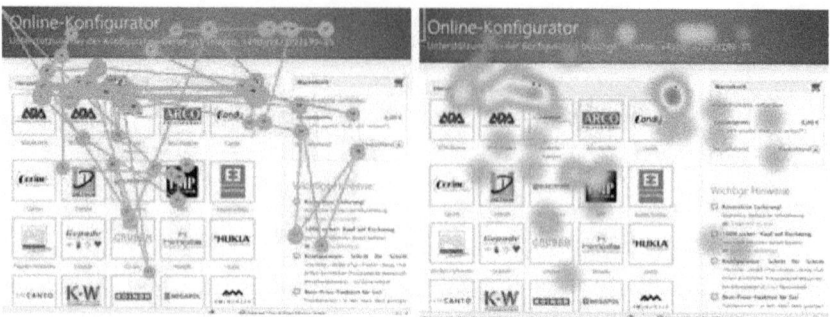

Abbildung 26: Links: Verwirrung durch die große Anzahl an Herstellern - Rechts: Aufmerksamkeit und Klicks auf die Registerkarte.

Das Gleiche gilt auch für die Übersicht der einzelnen Modelle, wobei hier die Erschwernis hinzu kommt, dass zum einen die Modellnamen mit Nummern ohne Reihenfolge versehen sind und dass die Website nach der Auswahl der Marke nicht am Seitenanfang beginnt, sondern dort wo die Marke ausgewählt wurde. Dies stiftete wiederum Verwirrung und führte zu häufigen Auf- und Ab-Scrollen. Unterstrichen wurde dies zusätzlich durch die Aussagen der Probanden durch die "Methode des lauten Denkens". Nach der Auswahl der Marke und des Modells gelangten die Probanden in den Konfigurator, mit dem sie die Eigenschaften ihrer Wunschcouch festlegen konnten. Wie nach Angabe aus dem Testszenario wählten sie zunächst ohne Probleme den 2-Sitzer aus. Bei der Wahl der richtigen Eigenschaft des 2-Sitzers allerdings kam es zu großen Verwirrungen. An dieser Stelle des Konfigurators wurden die meisten Fehler begangen und die Probanden waren regelrecht verloren (Abb. 27). Der Grund hierfür lag darin, dass keinerlei Informationen zur Verfügung standen. Die Bezeichnungen unter den Bildern waren lediglich die Bezeichnungen aus den Datenbanken. Abhilfe schaffte hier nur die Infobox, die per Mouseover erschien.

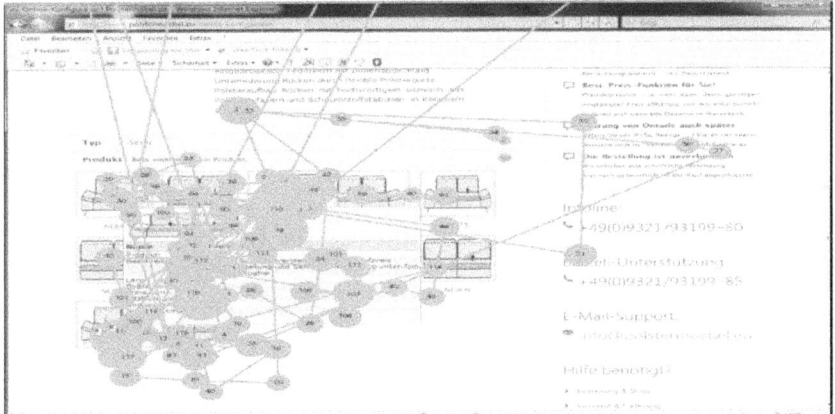

Abbildung 27: Suchende Blicke der User.

Ähnliches trat auch bei der Auswahl des Bezugs auf, da hier ebenfalls keine Angaben bis auf Datenbankbezeichnungen und Preise zu finden waren. Gut gelöst hingegen ist die Auswahl der Farbe. Hier ist mit guten Bildern und eindeutigen Bezeichnungen gearbeitet worden, wodurch die User schnell und einfach die gewünschte Farbe auswählen konnten. Bei der Wahl der Füße kam es zu wenigen Problemen. Durch eine gute Darstellung der einzelnen Füße und den wichtigsten Informationen direkt darunter, mussten die Probanden lediglich diese miteinander vergleichen und haben schnell den korrekten Fuß gefunden. Dieser Prozess der Auswahl an Bezugsart, Bezug, Farbe und Fuß wiederholte sich bei der Zubuchung der beiden weiteren Teile der Couch und es wurde ein klarer Lernprozess sichtbar.

Nachdem der Hauptteil der Couch in den Warenkorb gelegt wurde, sollte ein weiteres Teil, ein Longchair, hinzugefügt werden. Hierzu klickten die Probanden „Weiter Einkaufen" im Warenkorb und gelangten wieder in den Konfigurator. Durch die nur sehr geringe Sichtbarkeit der unten folgenden Registerkarte (Abb. 28), wussten viele Probanden hier zunächst nicht weiter und versuchten durch Anklicken einzelner Elemente die Option für den Longchair zu finden.

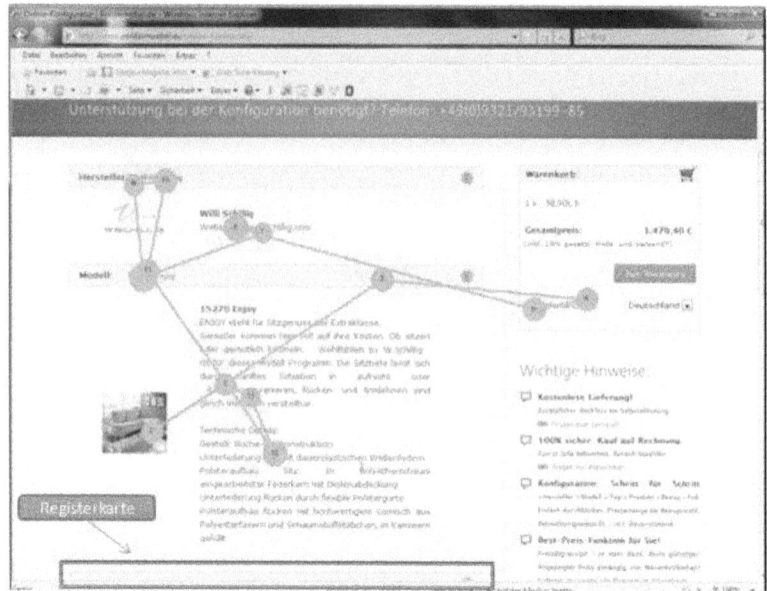
Abbildung 28: Die Suche nach dem Longchair.

Bei der Selektion des richtigen Longchairs benötigten die Probanden trotz eindeutigen Abbildungen einige Zeit zum Vergleichen der lediglich vier vorhandenen Elemente. Der Grund lag hier wieder in den verwendeten Datenbankbezeichnungen, die die User verunsicherten. Erst nach eingehender Prüfung der Informationen in den Infoboxen wählten die Probanden zögerlich. Auch an dieser Stelle wurden einige Fehler bei der korrekten Zusammenstellung begangen (Abb. 29). Ebenso erging es den Probanden bei der Auswahl des korrekten Kopfbügels (Abb. 30).

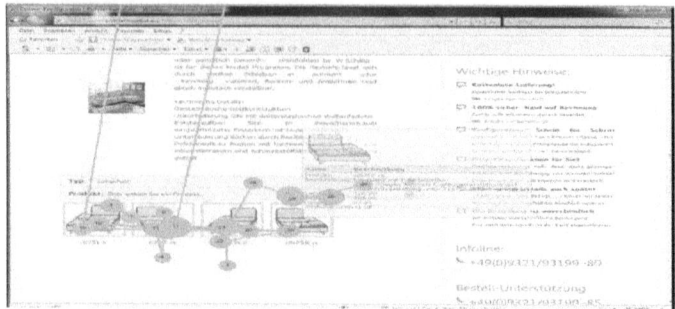
Abbildung 29: Intensiver Vergleich der vier Longchair-Varianten.

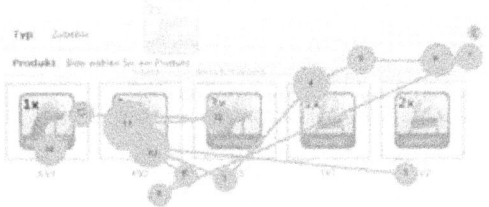

Abbildung 30: Intensiver Vergleich der Kopfbügel-Varianten.

Schließlich befanden sich die Probanden im Warenkorb, um dort ihre Bestellung nochmals zu prüfen und abzuschicken. Der Warenkorb der Website ist gelungen, indem die einzelnen Bestellungen tabellarisch aufgeführt und diese visualisiert werden. Dem Kunden ist hier eine gute Möglichkeit geboten, die ausgewählten Elemente in einer Übersicht nochmals zu überprüfen und ggf. zu ändern. Auch der CTA sticht eindeutig hervor und ist sowohl oben als auch unten auf der Seite angebracht. Der Blickverlauf der Probanden lässt eindeutig das Überprüfen der einzelnen Positionen und die Wahrnehmung des CTA bestätigen (Abb. 31).

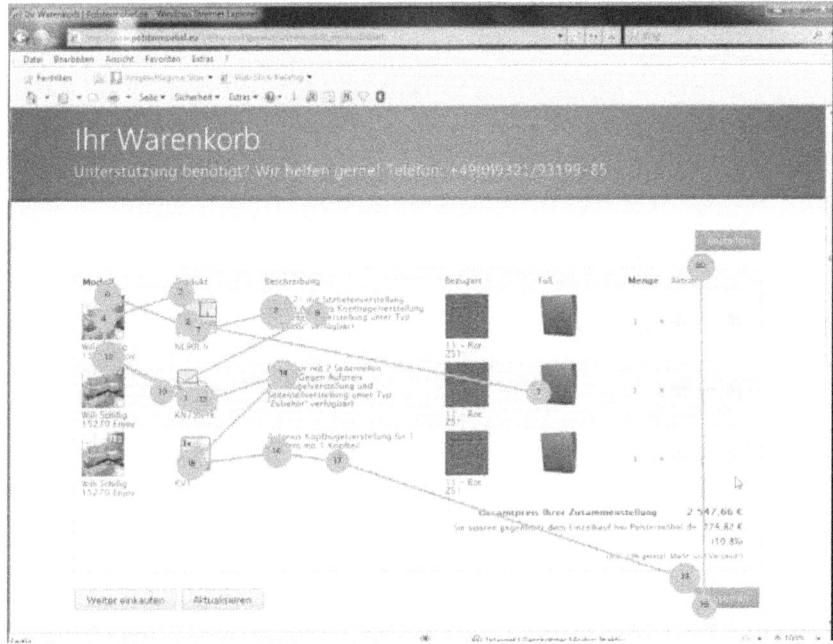

Abbildung 31: Überprüfung der getätigten Bestellungen.

Weiterhin sind einige Probleme während den Testdurchführungen aufgetreten. So wurde von einigen Probanden verwundert nachgefragt, wozu bei der Bestellung eines Kopfbügels ein Fuß ausgewählt werden muss. Wird dieser nicht ausgewählt, gehen die bis dahin ausgewählten Einstellungen verloren. Ebenso führt die Nutzung des Zurück-Buttons des Browsers auf die Startseite und löscht zugleich den bestehenden Warenkorb. Des Weiteren sind Fehlkonfigurationen möglich, wie zum Beispiel die Bestellung eines 2-Sitzers links mit einem Longchair links.

5.4.3 Die Auswertung der Fragebögen und Interviews

Die Ergebnisse der Abschlussfragen nach Bedienung der Website lieferten folgende Resultate:

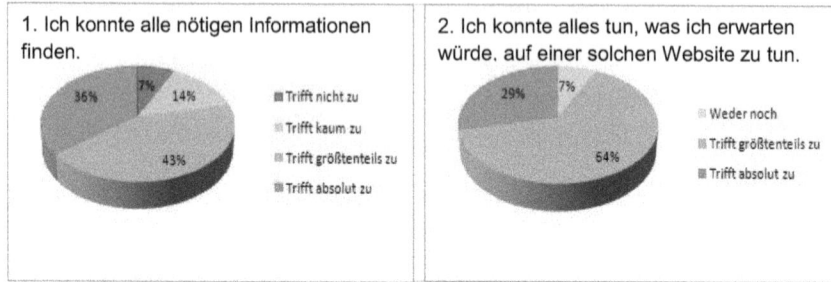

Abbildung 32: Ergebnisse aus Frage 1) und Frage 2).

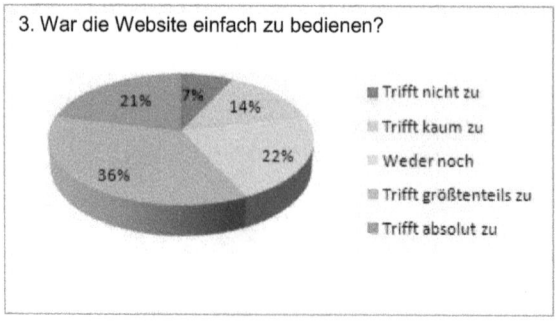

Abbildung 33: Ergebnis aus Frage 3).

Anhand dieser Ergebnisse ist ersichtlich, dass die Probanden mit den vorhandenen Informationen und Funktionen der Website größtenteils (79% und 93%) zufrieden waren (Abb. 32). Lediglich 21% bzw. 7% waren nicht zufrieden oder konnten sich nicht entscheiden. Der Grund für die Unzufriedenheit beruht hauptsächlich auf das

Fehlen einer Suchfunktion, aber auch die Übersichtlichkeit "auf den ersten Blick" wurde bemängelt.

Bei der Auswertung des Tests, bei dem es um das Empfinden der Probanden während der Nutzung der Website ging, wurde nach folgenden Eigenschaften gefragt:

Komplexität, Freundlichkeit, Professionalität, Attraktivität, Qualität, Verständlichkeit und das persönliche Empfinden der Website (Abb. 34).

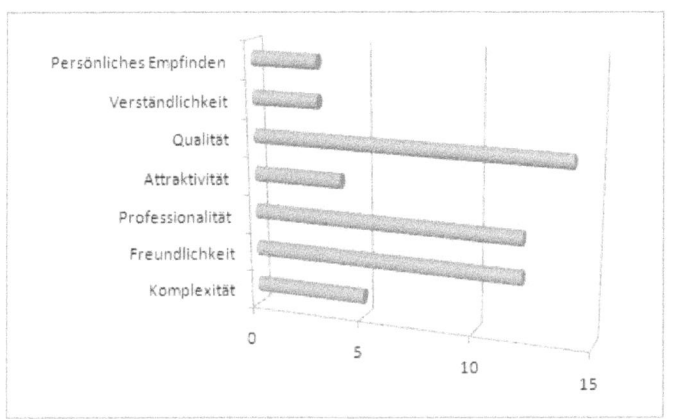

Abbildung 34: Ergebnisse des Empfindens der Website.

Das Resultat besteht aus den kumulierten Bewertungen aller Probanden, anhand derer ersichtlich wird, dass eine qualitativ hochwertige und professionelle Website mit einem freundlichen Auftreten nicht allein für ein angenehmes Nutzungserlebnis ausreicht. Neben diesen Aspekten ist auch die Komplexität auf ein Minimum zu reduzieren, so dass die Website leicht verständlich und intuitiv genutzt werden kann.

5.4.4 Die abgeleiteten Handlungsempfehlungen

Aus den Ergebnissen dieses Usability Tests lassen sich folgende Handlungsempfehlungen ableiten:

- Als besonders wichtig ist eine prominente und funktionstüchtige Suchfunktion anzusehen. Diese sollte sich oben rechts befinden und dem User ins Auge fallen. Durch die Implementierung einer umfangreichen Suche, ist es auch möglich das Problem der Übersichtlichkeit bei den Marken und Modellen einzudämmen.

- Die Anzahl an Marken sollte, wenn möglich, ausgedünnt werden und die Darstellung der einzelnen Hersteller nicht auf einer so engen Fläche geschehen, da vielen Probanden hier die Übersichtlichkeit fehlte.

- Ein Merkmal, das sich fast durch den kompletten Konfigurationsprozess zieht, ist die Darstellung und die Bezeichnung der einzelnen Produkte. An dieser Stelle sollten aussagekräftige Bilder verwendet werden, da diese online den einzigen Weg darstellen, über den die Kunden das Produkt betrachten können. Hierbei könnte auch der Konfigurator erweitert werden, indem die Wunschcouch in einem 3D-Modell zusammengestellt oder zumindest die selbstkonfigurierte Couch beispielhaft in einem solchen Modell dargestellt wird, so dass diese aus allen Winkeln begutachtet werden kann. Bei den Bezeichnungen ist darauf zu achten, dass eindeutige und aussagekräftige Bezeichnungen verwendet werden. Oftmals ist es den Usern eine große Hilfe gewesen, wenn die wichtigsten Informationen bereits unter dem Bild zu finden waren, wie zum Beispiel bei der Auswahl der Füße.

- Des Weiteren sollte bei der Programmierung des Konfigurators zum einen darauf geachtet werden, dass keine Fehlkonfigurationen möglich sind, wie beispielsweise ein 2-Sitzer mit Armlehne links und einem Longchair links. Zum anderen sollten die User beim Nicht-Auswählen erforderlicher Eigenschaften darauf hingewiesen werden, indem ein Pop-Up mit der nötigen Information eingeblendet wird. Dies hätte beispielsweise dafür gesorgt, dass bei Nicht-Auswählen eines Fußes für einen Kopfbügel nicht der komplette Bestellzusatz verloren geht.

- Auch sollte der Warenkorb für mindestens einen Tag gespeichert werden. Dies ist nicht nur während eines Einkaufs hilfreich, sondern auch beim Verkauf wiederkehrender Kunden. Das bedeutet, dass bei Produkten wie Couchen, die mehrere tausend Euro kosten, die User oftmals "noch eine Nacht darüber schlafen" wollen und sich erst dann für den Kauf entscheiden. Mittels eines gespeicherten Warenkorbs wird es ihnen beim Wiederkehren erleichtert, die schon zusammengestellte Couch doch zu kaufen.

- Es sollte natürlich auch auf eine saubere Programmierung geachtet werden, so dass Situationen, wie das Nutzen des Zurück-Buttons im Browser nicht einfach auf die Startseite des Shops leitet und dabei den Warenkorb löscht. Eine solche Situation ist für einen User sehr frustrierend und führt in den meisten Fällen zum Kaufabbruch.

- Es konnte auch festgestellt werden, dass es bereits erfahrenen Usern leichter fiel, den Konfigurator zu nutzen als nicht erfahrenen Nutzern. Hier könnte das Angebot eines Tutorials Abhilfe schaffen.

Für weitere Untersuchungen bietet sich der Checkoutprozess an, bei dem diese Untersuchung endete.

5.4.5 Die Priorisierung der Handlungsempfehlungen

Nachdem die Ergebnisse ausgewertet und daraus Handlungsempfehlungen abgeleitet wurden, sind diese zu priorisieren. Diese Priorisierung allerdings gestaltet sich bei den vorliegenden Resultaten schwierig, da die meisten Befunde zu den sog. Basisfaktoren zählen. Dies lässt sich am besten anhand des Modells von Kano erläutern. Dieses Modell stammt von Dr. Noriaki Kano, einem Professor der Universität in Tokyo, und dient dazu Kundenwünsche zu strukturieren und zu priorisieren.[156] Dabei werden die Kundenwünsche in drei Kategorien geteilt:[157]

- **Grund-, Basis- bzw. Hygieneanforderungen**: „Diese Merkmale sind notwendige Bedingungen oder Qualitätsanforderungen, die Ihr Produkt oder Ihre Dienstleistung haben muss, damit ein Kunde überhaupt erwägt, mit Ihnen ins Geschäft zu kommen."[158] Das Besondere hier ist, dass das Vorhandensein solcher Merkmale nicht zwangsläufig zur Kundenzufriedenheit führt, das Nicht-Vorhandensein jedoch mit Sicherheit eine Unzufriedenheit bei den Kunden hervorruft.

- **Leistungsanforderungen**: Diese Anforderungen schaffen eine Kundenzufriedenheit, indem das Produkt oder die Dienstleistung einwandfrei funktioniert. Somit ist die Zufriedenheit hoch, wenn die Leistung hoch ist, und die Zufriedenheit niedrig, wenn die Leistung niedrig ist.

---

[156] Vgl. Webber/Wallace, 2008, S. 110.
[157] Vgl. Webber/Wallace, 2008, S. 110f..
[158] Webber/Wallace, 2008, S. 110.

- **Begeisterungsanforderungen**: Diese Merkmale können nicht zur Unzufriedenheit der Kunden führen, sondern rein zur Zufriedenheit beitragen, da der Kunde diese Zusatzleistung nicht erwartet. Das Bieten solcher Anforderungen ist ein echter Mehrwert für die Kunden und führt somit zu deren Begeisterung.

Die graphische Umsetzung (Abb. 35) des Kano-Modells sieht folgendermaßen aus:

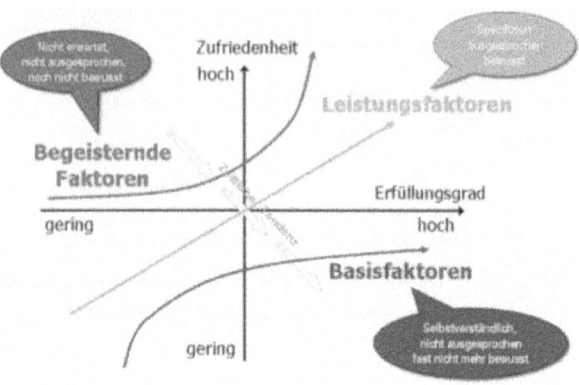

Abbildung 35: Das Kano-Modell.[159]

Auf Grund dessen, dass der Großteil der gewonnenen Ergebnisse zu den Hygienefaktoren zählt, sind sie alle gleichermaßen und schnellstmöglich umzusetzen, da ansonsten die Qualitätsanforderungen nicht gegeben sind und viele Kunden schon zu Beginn den Shop verlassen. Ebenso ist darauf zu achten, dass sämtliche Leistungen einwandfrei funktionieren, vor allem der Konfigurator als Herzstück des Shops. Sind diese Anforderungen erfüllt, kann und sollte das Augenmerk auf die Begeisterungsanforderungen gerichtet werden, wie zum Beispiel die vorgeschlagene 3D-Vorschau, da eben diese Faktoren einen echten Mehrwert für die Kunden bringen und so zugleich ein Wettbewerbsvorteil gegenüber der Konkurrenz entsteht.

5.5 Die aufgetretenen Probleme

Während der Erstnutzung des Systems sind einige kleinere Probleme aufgetreten, die zunächst gelöst werden mussten. So wurden Updates durchgeführt und der Internet Browser auf Kompatibilität geprüft, da derzeit die Software von Tobii

---
[159] Bloder, 2007, S. 6.

ausschließlich mit dem Internet Explorer funktioniert.[160] Des Weiteren wurde am oberen Bildschirmrand eine gelbe Kugel von einem Screen Capture Programm eingeblendet, die auch während des Testens zu sehen war. Dieses Programm musste für die Testdurchführung deaktiviert werden. Im Umgang mit der Software ist auch zu beachten, dass sie komplett in Englisch gehalten ist. Für Personen ohne Englischkenntnisse ist die Nutzung also nicht möglich. Bei der Software selbst ist auf die Verwendung von Farben zu achten, damit verwendete Overlay-Farben noch sichtbar bleiben. So ist die Overlay-Farbe unterschiedlich zur Hintergrundfarbe zu wählen. Um Medien unter dem Reiter *Statistics* öffnen zu können, müssen diese mit AOIs versehen werden. Medien ohne AOIs lassen sich hier nicht verwenden. Somit ist das analysieren von Videoaufzeichnungen mit einem sehr hohen Arbeitsaufwand verbunden, da zunächst einzelne Segmente erstellt und diese anschließend mit AOIs versehen werden müssen. Ebenso führte der verwendete Begriff *Update* im Bereich *Statistics* zu Verwirrungen, da dieser Button kein Update im klassischen Sinne durchführt, wie zum Beispiel eine neue Softwareversion zu suchen, sondern lediglich die geöffneten Daten aktualisiert. Als größere Herausforderung war die korrekte Einstellung des Browser anzusehen, der bei Start eines Webelements über den Bildschirmbereich hinaus ragte und so die Scroll-Leiste verbarg. Auch hier führte eine unklare Bezeichnung der Software oft am Ziel vorbei. Das Problem konnte schließlich gelöst werden, indem die Einstellung des Webelements auf *Fixed browser size* gesetzt wurde und die Werte von *Left* und *Top* auf Null. Ebenso musste die angewandte Auflösung übernommen werden. Die Einstellung *Fullscreen* brachte zwar die korrekte Position, jedoch wurde hier die Hauptnavigationsleiste des Browser nicht mit angezeigt.

Als ein weiteres großes Problem ist das eigenwillige Format des Eye Trackers zu nennen. Durch seine quadratische Form wird eine Website nie exakt so abgebildet wie dies auf herkömmlichen Monitoren der Fall ist. Dadurch sind sämtliche Tests nicht exakt auf die Alltagssituation der Nutzer abzubilden. Hinzu kommt, dass sowohl Image-Dateien als auch die Internetadresse bei Webelementen als Thumbnail angezeigt werden (Abb. 36) und so dem Probanden vor dem Test schon einiges verraten, wenn dies nicht mit anderen Einstellungen überdeckt wird.

---

[160] Vgl. Tobii® Technology, 2010, S. 28.

Abbildung 36: Thumbnails der Image-Datei und des Webelements.

Zudem haben die Infrarotkameras des Eye Trackers starke Probleme mit Sehhilfen (Abb. 37). So konnten drei der 14 getesteten Probanden erst nach mehreren Versuchen korrekt kalibriert werden.

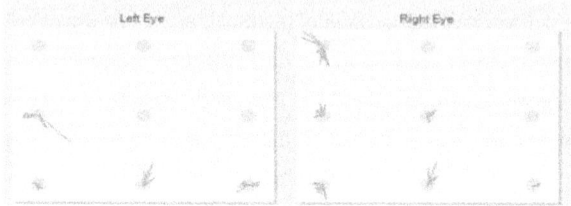

Abbildung 37: Ergebnis einer Fehlkalibrierung.

6 Zusammenfassung und Fazit

Abschließend gilt es festzuhalten, dass beim Eyetracking darauf zu achten ist, dass sowohl die Durchführung als auch die Analyse der erhaltenen Daten eines solchen Tests ein hohes Maß an Kenntnissen im Bereich des Usability Testings voraussetzt, um korrekte Empfehlungen ableiten zu können. Ein solcher Test darf nicht als Nebenaufgabe angesehen werden, sondern benötigt einen eigenen Stellenwert in der Unternehmensphilosophie. Zudem werden eine Menge zusätzlicher Ressourcen benötigt, wie geschulte Mitarbeiter, eine Testumgebung und Testbudgets, um den vollen Nutzen des Eyetrackings zu entfalten. Hinzu kommen die hohen Anschaffungskosten eines solchen Systems. Ist ein Unternehmen nicht bereit diese Investitionen an Ressourcen und Kosten auf sich zu nehmen, ist eine solche Untersuchung an externe Experten auszulagern. Aus Kostenaspekten stellt daher EyeQuant eine echte Alternative für kleine und mittelständische Unternehmen dar, um an nahezu gleichwertige Resultate zu gelangen.

Zudem stößt das Eyetracking beim Testen mit Sehhilfen und bei Untersuchungen der tatsächlichen Wahrnehmung der Probanden an seine Grenzen. So können Sehhilfen dazu führen, dass eine Kalibrierung nur schwer oder überhaupt nicht durchgeführt werden kann. Bei diesem Problem ist jedoch davon auszugehen, dass dies in Zukunft durch immer leistungsfähigere Systeme behoben wird. Das Erkennen der tatsächlichen Wahrnehmung der Probanden allerdings stellt hier eine große Herausforderung dar, die wohl nicht in absehbarer Zeit bewältigt werden kann.

Nichtsdestotrotz gewährt das Eyetracking als Usability Testmethode außergewöhnliche Einblicke in die Wahrnehmung und dem Verständnis von Nutzern bei der Verwendung einer Website, die zu großen Umsatzsteigerungen führen können. Somit stellt das Eyetracking für Unternehmen mit ausreichend Budget eine wertvolle Investition dar, die sich kurz- und langfristig rentieren wird.

Glossar

Die nachfolgend beschriebenen Fachbegriffe werden hinsichtlich ihrer Bedeutung im E-Commerce erläutert. Die Begriffe können in anderen Bereichen auch andere Bedeutungen besitzen. *Kursiv* gedruckte Begriffe sind selbst wieder im Glossar beschrieben.

Adaption: Unter Adaption des Auges versteht man die Anpassungsvorgänge des Auges an unterschiedliche Lichtverhältnisse.

Area of Interest: Als AOI werden die Flächen bezeichnet, denen der Betrachter die meiste Aufmerksamkeit schenkt. AOIs werden auch oftmals von *Clustern* übernommen.

Cluster: Ein Cluster ist die systematische Zusammenfassung ähnlicher Daten.

Cognitive Walkthrough: Der Cognitive Walkthrough (CW), zu deutsch kognitiver Durchgang, Durchdenken eines Problems, ist eine Usability-Inspektionsmethode und gehört zu den analytischen Evaluationsverfahren im Gegensatz zu empirischen Evaluationsverfahren wie dem Usability Test. Beim CW versetzt sich ein Usability Experte in einen hypothetischen Benutzer und analysiert konkrete vorgegebene Handlungsabläufe. Dabei geht er davon aus, dass der Anwender den Weg des geringsten kognitiven Aufwands gehen wird.

E-Commerce: Diese Bezeichnung steht als Kurzform für ‚electronic commerce' und bezeichnet den elektronischen Geschäftsverkehr.

Gaze Plot: Gaze Plot ist eine Darstellungsmöglichkeit bei Eyetracking Ergebnissen, die die Blickverläufe mittels nummerierten Kreisen visualisiert. Dabei stellt die Größe eines Kreises die Betrachtungsintensität dar und die Nummern geben die Reihenfolge der Fixationen an.

Heatmap: Eine Heatmap ist ein Diagramm zur Visualisierung von Daten, deren abhängige Werte einer zweidimensionalen Definitionsmenge als Farben repräsentiert werden. Sie dient dazu in einer großen Datenmenge intuitiv und schnell besonders markante Werte zu erfassen.

Kalibrierung: Kalibrierung (auch Kalibration) in der Messtechnik ist ein Messprozess zur Feststellung und Dokumentation der Abweichung eines Messgerätes oder einer Maßverkörperung zu einem anderen Gerät oder Maßverkörperung, das in diesem Fall als Normal bezeichnet wird.

Key Performance Indicator: Als KPI bezeichnet man Schlüsselkennzahlen (z.B. zu Besuchern, Umsätzen, Aufwand und Erträgen), anhand derer sich beurteilen lässt, inwieweit ein Unternehmen seine Ziele – beispielsweise bei seinen Online-Aktivitäten – erreicht hat, oder nicht. KPIs bilden die Grundlage für die Kontrolle, Bewertung und ggf. Optimierung von Maßnahmen oder Prozessen.

Okulographie: Der medizinische Begriff für Blickbewegungsregistrierung.

Prototyp: Ein Prototyp ist ein Entwurfsmuster aus dem Bereich der Softwareentwicklung und gehört zur Kategorie der Erzeugungsmuster.

Relaunch: Bei der grundlegenden Überarbeitung eines Webauftritts spricht man von einem Relaunch. Schwerpunkte solcher Web-Relaunches sind die Überarbeitung und Neukonzeption von Inhalten der Website, die Orientierung an neuen technologisch-organisatorischen Aspekten sowie die grundständige Überarbeitung der visuellen Darbietung.

Rezeptoren: Als Rezeptor wird in der Biologie auf zellulärer Ebene eine spezialisierte Zelle bezeichnet, die bestimmte äußere und innere chemische oder physikalische Reize in eine für das Nervensystem verständliche Form bringt.

Saliency Maps: Dieser Begriff stammt aus der Neurowissenschaft und bezeichnet einzelne „Karten" der wahrgenommenen Umwelt, die von speziellen Neuronenverbänden im visuellen Cortex berechnet und anschließend zu einer großen Karte zusammengefügt werden.

Strabismus: Mit Schielen oder Strabismus wird eine Augenmuskelgleichgewichtsstörung bezeichnet, die sich in einer Fehlstellung beider Augen zueinander ausdrückt. Hierbei weicht die Richtung ihrer Gesichtslinien beim Betrachten eines Objektes zeitweise oder dauerhaft voneinander ab.

Literaturverzeichnis

Bloder, Annette: Das KANO-Modell, 2007, Uni Graz

Duchowski, Andrew: Eye-Based Interaction in Graphical Systems: Theory and Practice, 2000, Clemson University

Duchowski, Andrew: Eyetracking Methodology – Theory and Practice, 2007, Springer-Verlag London, ISBN: 978-1-84628-608-7

Dudenredaktion; Oxford University Press: DUDEN Oxford – Großwörterbuch Englisch, 2005, Dudenverlag, ISBN: 3-411-05533-2

Gollücke, Volker: Eye-Tracking – Grundlagen, Technologien und Anwendungsgebiete, 2009, GRIN Verlag, ISBN: 978-3-640-30592-6

Herczeg, Michael: Interaktionsdesign – Gestaltung interaktiver und multimedialer Systeme, 2006, Oldenbourg Wissenschaftsverlag GmbH, ISBN: 978-3-486-27565-0

Müller, Stefan; Schwarz, Uta; Wünschmann Stefan: Webseiten-Gestaltung – Erfolgsfaktoren und Kontrolle, 2008, REDLINE GmbH, ISBN: 978-3-8266-5912-6

Nielsen, Jakob: Usability Engineering, 1993, Academic Press, ISBN: 0-12-518406-9

Puscher, Frank: Leitfaden Web-Usability – Strategien, Werkzeuge und Tipps für mehr Benutzerfreundlichkeit, 2009, dpunkt.verlag GmbH, ISBN: 978-3-89864-581-2

Reese, Frank: Website Testing – Conversion Optimierung für Landing Pages und Online-Angebote, 2009, BusinessVillage GmbH, ISBN: 978-3-938358-58-0

Rubin, Jeffrey; Chisnell, Dana: Handbook of Usability Testing – How to Plan, Design and Conduct Effective Tests, 2008, Wiley Publishing Inc., ISBN: 978-0-470-18548-3

Schenk, Joachim; Rigoll, Gerhard: Mensch-Maschine-Kommunikation – Grundlagen von sprach- und bildbasierten Benutzerschnittstellen, 2010, Springer-Verlag Berlin Heidelberg, ISBN: 978-3-642-05456-3

Schünke, Michael; Schulte, Erik; Schumacher, Udo: Prometheus – Lernatlas der Anatomie, 2006/2009, Thieme Verlag Stuttgart•New York, ISBN: 978-3-13-139542-9

Stelzer, Fabian: Attention Hacking: Wie sich Blicke mittels Neurotechnologien vorhersagen lassen, in: Website Boosting, 2011, Nr. 9, S. 62-67.

Tobii® Technology GmbH: Tobii Studio™ 2.X – Software Release 2.2, 2010, Manual Release 1.0

Tobii® Technology GmbH: Tobii T60 & T120 Eye Tracker User Manual, 2011, Revision 4.0

Webber, Larry; Wallace Michael: Qualitätssicherung für Dummies – Qualität ist gut, Kontrolle ist besser, 2008, WILEY-VCH Verlag GmbH & Co. KGaA, ISBN: 978-3-527-70429-3

Eidesstattliche Erklärung

Hiermit versichere ich, dass ich die vorgelegte Bachelorarbeit selbstständig verfasst und noch nicht anderweitig zu Prüfungszwecken vorgelegt habe.
Alle benutzten Quellen und Hilfsmittel sind angegeben, wörtliche und sinngemäße Zitate wurden als solche gekennzeichnet.

Würzburg, den   Danny Nauth

Anhang

1. Gestaltgesetze

2. Auflistung der häufigsten Prototypen

3. Beispiel von Richtlinien für Beobachter

4. Testmaterialien

   a. Anfrageformular

   b. Testplan

   c. session script

   d. Testszenario

1. Gestaltgesetze:

Gemäß dem Gesetz der Nähe werden Dinge, die räumlich nah beieinander liegen, als zusammengehörig wahrgenommen. Deshalb sehen die meisten Menschen in der linken Grafik von Abb. 1 auf den ersten Blick vertikale und keine horizontalen Reihen von Punkten.

Das Gesetz der Ähnlichkeit besagt, dass Menschen gleiche oder ähnliche Objekte als zusammengehörig wahrnehmen. Der Betrachter >>sieht<< deshalb im zweiten Beispiel in Abbildung 1 Reihen von Punkten und Reihen von Rechtecken.

Das Gesetz der guten Fortsetzung besagt, dass Objekte, die auf einer Linie angeordnet sind, vom Betrachter als zusammengehörig aufgefasst wird.

Die Figur-Grund-Differenzierung geht schließlich davon aus, dass Beobachter Vorder- und Hintergrund getrennt wahrnehmen. Nur mithilfe dieser Strategie kann der Mensch in einem Bild eine Figur erkennen. Je nachdem, ob der Betrachter Hinter- oder Vordergrund fixiert, sieht er entweder zwei Gesichter oder eine Vase. Es ist jedoch nicht möglich, beide Objekte gleichzeitig wahrzunehmen.

2. Auflistung der häufigsten Prototypen:

- **Scribbles**: handgezeichnete Skizzen, die erste Interaktionsabläufe verdeutlichen

- **Storyboards**: Zeichnungen oder Screenshots, die Interfaces in einer Handlungskette zeigen

- **Paper Mock-Up**: einfache Handskizze, komplette Papiermodelle oder Abfolgen von Powerpoint-Folien der Website

- **Wireframes**: schematische Darstellungen einer Website, mit denen in einem Ablaufmodell die Interaktionsabläufe festgehalten und auf Funktionalität geprüft werden können

- **Interaktiver Prototyp**: Flash- oder html-basierte Prototypen, in denen ausgewählte Funktionalitäten bereits vollständig nutzbar sind

3. Beispiel von Richtlinien für Beobachter:

Ein erfolgreicher Usability Test erfordert Beobachter, die sich streng an Richtlinien halten, so dass die Teilnehmer sich wohl fühlen und bereit sind, Informationen zu teilen. Um sicherzustellen, dass Ihre Anwesenheit als Beobachter nicht störend auf die Teilnehmer wirkt oder anderweitig die Qualität der zu sammelnden Daten beeinflusst, beachten Sie bitte folgende Regeln:

Kommen Sie vor dem eigentlichen Beginn der Testuntersuchung an. Es ist wichtig für Sie vor den Probanden anwesend zu sein, so können Sie Ihren Sitzplatz wählen und sich erst einmal eingewöhnen, um sich dann auf das Notizenmachen vorzubereiten. Die Teilnehmer können Ihre Verspätung als Missachtung ihrer Meinung interpretieren und das Betreten des Raumes von einem Fremden ist ablenkend und störend.

Sie müssen für die gesamte Dauer des Tests bleiben. Wir möchten Teilnehmer, die vergessen, dass sich sonst irgendjemand im Raum befindet. Ein ständiges Kommen und Gehen ist sehr störend. Daher ist es unerlässlich, sobald wir die Sitzung gestartet haben, dass Sie, bleiben bis die Sitzung abgeschlossen ist. Wenn Sie sich nicht für die Dauer der Sitzung bleiben können, bitten wir Sie überhaupt nicht zu kommen.

Schalten Sie Ihr Handy aus oder lassen Sie es auf Ihrem Schreibtisch liegen. Wenn Sie Ihren Computer mitbringen, schalten Sie E-Mail und Instant Messaging ab. Es ist eine kurze Sitzung. Bitte seien Sie geistig vollständig anwesend und achten Sie auf den Moderator und die Teilnehmer.

Kein Lachen, Grunzen, Aha-Geräusche oder ablenkende Körpersprache. Die Teilnehmer könnten denken, dass Sie über sie lachen. Bitte tun Sie ihr Bestes, sich so leise wie möglich zu verhalten. Es ist wichtig, dass Beobachter keine Mimik oder andere Stellungnahmen, während der Sitzung vollziehen. In ihrem Skript sind Freiräume eingefügt worden für ihre Anmerkungen. Bitte blättern Sie die Seiten des Skripts leise um.

Stellen Sie bitte nur Fragen über Dinge während der Sitzung, wenn Sie vom Moderator dazu aufgefordert werden. Nennen Sie keine Design- oder Funktionsalternativen. Vermeiden Sie fragen über Vorlieben oder Meinungen.

Halten Sie die Identität des Teilnehmers geheim. Wir haben den Teilnehmern versprochen, dass ihre Identität geheim gehalten wird. Bitte helfen Sie uns dabei dies vertraulich zu behandeln.

4. Testmaterialien:

a. Anfrageformular:

Eyetracking Studie

Im Rahmen meiner Bachelorarbeit mit dem Titel „*Einsatzmöglichkeiten und Grenzen einer Usability Software am Beispiel Tobii.*" führe ich, Danny Nauth, eine Versuchsreihe durch, um die theoretisch erläuterten Kenntnisse und Vorgehensweisen meiner Arbeit an einem praktischen Beispiel zu demonstrieren. Die Interessierten, die an diesem Test teilnehmen möchten, bitte ich die nachfolgenden Fragen zu beantworten. Eine Zusage ist aus organisatorischen Gründen verbindlich. Der Termin für die Testdurchführung wird mit den Probanden individuell vereinbart und erstreckt sich voraussichtlich über eine halbe bis dreiviertel Stunde.
Des Weiteren bitte ich Sie diesen Fragebogen ausgefüllt an mich zurück zusenden. Mit dem Zurücksenden dieses Dokumentes bestätigen Sie ihre Teilnahme an der Studie.

1) Was machen Sie beruflich?
   Klicken Sie hier, um Text einzugeben.

2) Welchem Geschlecht gehören Sie an?
   ○ Mann   ○ Frau

3) Wie alt sind Sie?
   Klicken Sie hier, um Text einzugeben.

4) Tragen Sie am Rechner eine Sehhilfe?
   ○ Brille   ○ Kontaktlinsen   ○ Keine

5) Wie oft kaufen Sie im Monat Produkte in herkömmlichen Geschäften ein, die Sie nicht täglich benötigen, wie Elektronik, Unterhaltungsmedien, Möbel oder Kleidung?
   Wählen Sie ein Element aus.

6) Haben Sie schon einmal online eingekauft?
   ○ Ja   ○ Nein

7) Welcher Art sind ihre Onlineeinkäufe?

    ◯ Privat   ◯ Geschäftlich

8) Welche Erfahrung haben Sie mit Online-Shopping?

Wählen Sie ein Element aus.

---

b. Testplan:

---

www.polstermöbel.de
Testplan – FINAL

Im Rahmen meiner Bachelorarbeit wird ein Usability Test mit Hilfe eines Eyetracking Systems von Tobii durchgeführt. Hierzu wird die Website www.polstermöbel.de getestet und auf Usability Verbesserungen untersucht. Ziel ist es aus den erhaltenen Ergebnissen Handlungsempfehlungen für das Design-Team des Unternehmens abzuleiten, da in den nächsten Monaten ein kompletter Relaunch des Webauftrittes geplant ist.

Allgemeine Ziele der Studie

Ich möchte mit diesem Test grundlegende Daten über die allgemeine Effektivität von www.polstermöbel.de sammeln. Die Ziele dieser Studie sind:

- Eine Bewertung über die Gesamteffizienz der bestehenden Website zusammenzustellen.
- Probleme bei einem Kauf im verwendeten Shop zu identifizieren.
- Handlungsempfehlungen aus den erhaltenen Ergebnissen abzuleiten, um die Verbesserungen beim nächsten Relaunch zu berücksichtigen.

Forschungsfragen

Mit dieser Untersuchung wird versucht folgende Fragen zu beantworten:

- Welchen Objekten der Landing Page wird die meiste Aufmerksamkeit geschenkt im Moment des ersten Kontakts?
- Wie leicht fällt es den Nutzern eine Bestellung durchzuführen?
- Wo liegen die schwerwiegendsten Probleme der Nutzer bei einer Bestellung?
- Welche Fragen ergeben sich bei den Probanden während der Testdurchführung?

Am Ende der Testdurchführung werden sowohl quantitative Daten:

- Fehler bei der Durchführung der Bestellung – es wird ersichtlich wo die Probanden Schwierigkeiten hatten.
- Anzahl der erfolgreichen Bestellungen mit und ohne Hilfe.
- Anzahl der abgebrochenen Bestellungen
- Angaben über die benötigte Zeit

Als auch qualitative Daten vorliegen:

- Das Sprachprotokoll, welches durch die „Methode des lauten Denkens" entsteht, wird Aufschluss darüber geben, was die Probanden verwirrte und warum.
- Die Interviews und Fragebögen der Teilnehmer, die einen Einblick in die Gefühle, Meinungen und Bedürfnissen der Nutzer geben und somit Verbesserungspotentiale aufzeigen.
- Das Nutzungserlebnis insgesamt.

Lage und Einrichtung

Die Testdurchführung wird nach einem festgelegten Testablauf durchgeführt und findet im Hochschulgebäude der Hochschule Würzburg-Schweinfurt in Würzburg statt. Dort befindet sich ein Testlabor mit dem benötigten Equipment. Die Teilnehmer werden mit einem Windows7 PC, der mit einer Webcam ausgestattet ist, und dem Internet Explorer 8.0 in Verbindung mit einer Hochgeschwindigkeits-Internetverbindung arbeiten. Zudem werde ich einen Camcorder mitbringen. Während die Webcam das Gesicht des Probanden aufnimmt, wird der Camcorder das gesamte Geschehen aufzeichnen, um später die Auswertung des Tests zu unterstützen.

Auswahl der Probanden

Ich werde Personen auswählen, die bereits Online-Einkäufe tätigten und verschiedene Erfahrungen im Online-Shopping besitzen. Es werden hierzu 14 Teilnehmer mit unterschiedlichen Eigenschaften, die in folgender Tabelle vorgestellt werden, getestet.

Eigenschaften	Erwunschte Anzahl der Probanden
Teilnehmer Typ	
Ergotherapeutin	1
Student	9
Lehrerin	1
Jurist	1
Zahnarzt	1
Wissenschaftliche Mitarbeiterin	1
Gesamtanzahl der Teilnehmer	14
Häufigkeit der Einkäufe pro Monat	
Selten: 1–2 Produkte	8
Öfter: 3–5 Produkte	6
Sehr oft: mehr als 5 Produkte	0
Art der Online-Einkäufe	
Privat	14
Geschäftlich	0
Online-Shopping Erfahrung	
Ich kaufe nur online	0
Ich kaufe meist online	7
Ich kaufe wenig online	7
Ich kaufe nicht online	0
Alter	
15–20	1
21–25	5
26–30	6
31–36	2
Geschlecht	
Männlich	8
Weiblich	6
Sehhilfe	
Brille	4
Kontaktlinsen	4
Keine	6

Methoden

Im Rahmen dieser Usability Untersuchung werden sowohl ein Spontaneous Looking Test als auch ein Task-oriented Looking Test durchgeführt. Dabei wird den Probanden zunächst eine Landing Page von www.polstermöbel.de für fünf Sekunden gezeigt, um zu untersuchen, welchen Objekten auf dieser Seite die größte Aufmerksamkeit zukommt. Anschließend wird den Probanden eine Aufgabe erteilt, die darin besteht eine Kauftransaktion durchzuführen. Ich werde dabei Daten über Fehler und Erfolgsrate sowie qualitative Daten über die Erfahrung der Probanden während der Testdurchführung sammeln.

Testdesign

Bei dieser Untersuchung wird jeder Proband eine Landing Page für fünf Sekunden sehen und anschließend eine Aufgabe lösen. Die Durchführungsfrequenz wird sich auf 14 individuelle Durchführungen belaufen, die jeweils 20 Minuten benötigen werden. Ich werde in den ersten 10 Minuten den Teilnehmern den Ablauf des Tests erklären und den Starseiten-Test durchführen. Während den restlichen 10 Minuten werden die Probanden eine Couch mit vorgegebenen Eigenschaften, die sie aus dem Testszenario entnehmen, im Online-Shop bestellen.

Gliederung und Zeitplan der Testdurchführung

Der Test wird sich etwa über 20 Minuten erstrecken, von denen 10 Minuten zur Erklärung des Testablaufs und des Landing Page-Tests verwendet werden und die restlichen 10 Minuten zum Lösen des Testszenarios.

Vorkehrungen vor dem Test

Haben die Teilnehmer:

- Die Einwilligungserklärung gelesen und unterschrieben.
- Den vorab Fragebogen ausgefüllt.

Erklärung zum Testablauf (5 Minuten)

Besprochen werden:

- Die Erfahrung der Teilnehmer mit Usability Untersuchungen und der Zielgruppe.
- Die Bedeutung der Teilnahme der Probanden an dieser Studie.
- Die Rolle des Moderators.
- Die verwendete Hard- und Software, Aufnahmegeräte und ähnliches.
- Der restliche Ablauf des Tests. (Kalibrierung des Eye Trackers, etc.)
- Die Methode des lauten Denkens.

Hintergrundfragen

Diese Fragen werden den Teilnehmern im Anfrageformular gestellt:

- Alter, Geschlecht und Beruf
- das Tragen einer Sehhilfe
- Häufigkeit ihrer Einkäufe im Monat
- ihre Erfahrung im Online-Shopping.

Aufgabe (12 Minuten)

(1) Die Teilnehmer werden für fünf Sekunden eine Landing Page betrachten, um herauszufinden welche Objekte die meiste Aufmerksamkeit erhalten.

(2) Die Teilnehmer werden von der Startseite aus beginnen eine Couch zu bestellen. Dabei wird ihnen vorgegeben welche Couch mit welchen Eigenschaften bestellt werden soll.

Befragung nach dem Test (3 Minuten)

- Allgemeine Fragen stellen, um Präferenzdaten und weitere qualitative Daten zu sammeln.
- Jedem einzelnen Problem nachgehen, welches sich bei den Probanden ergab.

Testzeitplan

Die nachfolgende Tabelle zeigt die Tagesabläufe der Testdurchführungen.

Zeit	Montag, 06. Feb.	Dienstag, 07. Feb.	Mittwoch, 08. Feb.
09:00 – 10:45	Eintreffen, Vorbereiten	Test 4	Test 11
10:45 – 11:00	Pilot Test	Test 5	Test 12
12:00 – 13:30	Nachkontrolle	Zwischenkontrolle	Test 13
13:30 – 14:15	Anpassungen falls nötig	Test 6	Test 14
14:15 – 15:15		Test 7	
15:30 – 15:50	Test 1	Test 8	
16:00 – 16:20	Test 2	Test 9	
16:30 – 16:50	Test 3	Test 10	

Messungen

Diese Fragen sind zu beantworten:

- Welchen Objekten der Landing Page wird die meiste Aufmerksamkeit geschenkt im Moment der ersten Wahrnehmung?
- Wie leicht fällt es den Nutzern eine Bestellung durchzuführen?
- Können die Nutzer die Website ohne Hilfe nutzen?
- Wo liegen die schwerwiegendsten Probleme der Nutzer bei einer Bestellung?
- Welche Fragen ergeben sich bei den Probanden während der Testdurchführung?
- Wie lange schätzen die Probanden, dass sie gebraucht haben für die Bestellung – bezogen auf die benötigte Zeit und die absolvierten Bestellschritte?

Es werden während des Tests sowohl Präferenz- als auch Leistungsdaten gesammelt.

Leistungsdaten:

- Fehler bei der Durchführung der Bestellung – es wird ersichtlich wo die Probanden Schwierigkeiten hatten.
- Anzahl der erfolgreichen Bestellungen mit und ohne Hilfe.
- Anzahl der abgebrochenen Bestellungen.
- Angaben über die benötigte Zeit.

Präferenzdaten:

- Das Sprachprotokoll, welches durch die „Methode des lauten Denkens" entsteht, wird Aufschluss darüber geben, was die Probanden verwirrte und warum.
- Die Interviews und Fragebögen der Teilnehmer, die einen Einblick in die Gefühle, Meinungen und Bedürfnissen der Nutzer geben und somit Verbesserungspotentiale aufzeigen.
- Das Nutzungserlebnis insgesamt

Inhalte des Abschlussberichts

Es werden im Abschlussbericht folgende Inhalte zu finden sein:

- Eine Kurzzusammenfassung über den Hintergrund dieser Studie, den Zielen, Methoden, Logistik und Teilnehmereigenschaften.
- Die erhaltenen Erkenntnisse über die ursprünglichen Fragen der Untersuchung.
- Quantitative Ergebnisse und Einzelheiten zu Fragen und Daten.
- Screenshots und Skizzen zur Verdeutlichung der besprochenen Inhalte.
- Eine Beschreibung der Auswirkungen der Ergebnisse.
- Aus den Ergebnissen abgeleitete Handlungsempfehlungen.
- Vorschläge für weitere Untersuchungsbereiche.

Projektzeitplan

Kickoff

Alle Vorbereitungen zu dieser Untersuchung wurden von mir in Anlehnung an den theoretischen Teil meiner Bachelorarbeit geplant, erstellt und durchgeführt.

Testplan, session script und Materialien

Nach der Erstellung des Testplans, werde ich ein session script schreiben und die benötigten Testmaterialien erstellen. Dies soll sicherstellen, dass allen Teilnehmern die gleichen Informationen erhalten und dass stets die gleichen Daten während des Tests gesammelt werden.

Testumgebung

Die Testdurchführung wird nach einem festgelegten Testablauf durchgeführt und findet im Hochschulgebäude der Hochschule Würzburg-Schweinfurt in Würzburg statt. Dort befindet sich ein Testlabor mit dem benötigten Equipment. Die Teilnehmer werden mit einem Windows PC, der mit einer Webcam ausgestattet ist, und dem Internet Explorer 8.0 in Verbindung mit einer

Hochgeschwindigkeits-Internetverbindung arbeiten. Zudem werde ich einen Camcorder mitbringen. Während die Webcam das Gesicht des Probanden aufnimmt, wird der Camcorder das gesamte Geschehen aufzeichnen, um später die Auswertung des Tests zu unterstützen.

Rolle des Moderators

Ich werde während des Tests neben dem Probanden sitzen und diesem zunächst eine Einführung geben. Anschließend führe ich ein kurzes Hintergrund Interview durch und stelle die Testaufgaben vor. Während der Ausführung werde ich die Probanden nicht unterbrechen und Auffälligkeiten protokollieren sowie den ganzen Test aufzeichnen. Falls der Testkandidat Hilfe benötigt, werde ich ihm weiterhelfen, so dass er die Testaufgabe möglichst selbstständig zu Ende führen kann.

Die Testsession wird mit Hilfe eines Camcorders in Bild und Ton aufgezeichnet. Diese Aufzeichnungen dienen als Unterstützung und Protokoll des gesamten Tests.

Bewertungen, Tabellen und analysierte Daten

An Hand der Aufzeichnungen und Mitschriften werde ich die Daten zur Beantwortung der Schlüsselfragen tabellarisch darstellen und analysieren, um daraus Handlungsempfehlungen ableiten zu können. Diese Ergebnisse werden anschließend im Abschlussbericht festgehalten.

Zeitablauf des Projektes

Was	Wann
Erste Arbeitsschritte • Klärung der Projektziele, des Umfangs und der Ergebnisse • Festlegen der Eigenschaften von Probanden • Vereinbarung über den endgültigen Zeitplan	02. Nov. 2011
Anfertigung des finalen Testplans	15. Jan. 2012
Auswählen von Probanden	31. Jan. 2012
Anfertigung des finalen session script's	02. Feb. 2012
Probedurchlauf des session script's	06. Feb. 2012
14 Testdurchführungen á 15-20 Minuten	06. Feb. – 08. Feb. 2012
Anfertigung des Abschlussberichtes	09. Feb. – 01. März 2012
Abgabe der gesamten Arbeit	27. März

Zu erreichende Ergebnisse

- Festlegung der Teilnehmereigenschaften, Ausarbeitung detaillierter Forschungsfragen und Abschließen des Zeitplans und der Ergebnisse.
- Ein Testplan (dieses Dokument), der den allgemeinen Ansatz und Zeitplan beschreibt.
- Entwurf eines session scipt´s.
- Probelauf des session script´s.
- 14 Testdurchführungen à 15-20 Minuten (plus einen Pilot Test mit einem Probanden, der nicht in die Auswertung miteinbezogen wurde)
- Videoaufzeichnungen der einzelnen Testdurchläufe.
- Ein Abschlussbericht über die gesamten Ergebnisse.

Testaufgaben

Die Teilnehmer werden zunächst für fünf Sekunden eine Landing Page von www.polstermöbel.de sehen. Dabei sollen sie die Seite lediglich betrachten, um herauszufinden welche Objekte die Aufmerksamkeit der Probanden beim ersten Eindruck der Seite auf sich ziehen. Anschließend erhält jeder Testkandidat das Testszenario, in dem die Marke, das Modell und die weiteren Eigenschaften der zu bestellenden Couch enthalten sind. Sie werden mit dieser Aufgabe auf der Startseite des Unternehmens beginnen. Zudem werden die Probanden vor und nach dem Test zu ihrem Vorgehen und ihren Eindrücken von der Website befragt. Durch diese Befragungen soll ein besseres Verständnis für die Usability der Seite und dem Vorgehen der Probanden erlangt werden.

c. session script:

Session Script:

Usability Test einer Website

Vorbereitung der Testdurchführung

Um die Testdurchführung vorzubereiten, werde ich
- Die Testmaterialien sowie Hard- und Software nochmals überprüfen.
- Das session script testen.

Vor jeder Sitzung, werde ich
- Sicherstellen, dass der Browser, die Eyetracking Software sowie der Camcorder eingestellt und einsatzbereit sind.
- Den Befragungsbogen einsammeln.
- Den Startpunkt einrichten.

Nach jeder Sitzung, werde ich
- Den Browser schließen
- Die Historie und den Cache des Browsers löschen
- Einzelne unvorhergesehenen Probleme und Überraschungen notieren

Einführung der Testdurchführung

„Ich danke Ihnen für die Teilnahme an dieser Eyetracking Studie. Mein Name ist Danny Nauth und ich heiße Sie herzlich Willkommen. Könnte ich ihren ausgefüllten Fragebogen, den ich Ihnen per E-Mail habe zukommen lassen, haben? Danke. (Falls nicht dabei, ihnen jetzt einen neuen Fragebogen geben und ausfüllen lassen)

Während des restlichen Tests werde ich mit einem Skript arbeiten, um zu gewährleisten, dass alle Teilnehmer den gleichen Ablauf und die gleichen Informationen erhalten.

Ich bin heute hier, um herauszufinden wie Sie sich als Proband mit der gleich vorgestellten Website zurechtfinden.

Während der Testdurchführung werde ich Ihnen eine Einführung und ein Testszenario mit Anweisungen geben. Bei der Ausführung werde ich Sie beobachten und möchte Sie bitten, sich während der Ausführung des Testszenarios so zu verhalten als würden ganz normal zuhause an ihrem Rechner einkaufen.

Ich möchte Sie auch bitten ihre Gedanken bei der Ausführung laut auszusprechen. Alles was Ihnen währenddessen in den Kopf kommt. Dies hilft mir ihre Handlungen besser nachvollziehen zu können. Behalten Sie dabei immer im Kopf, dass ich nicht Sie teste und es keinerlei falsche Wege oder Antworten gibt. Ihre Handlungen helfen mir lediglich herauszufinden wa an der Website funktioniert und was nicht.

Sie dürfen vollkommen offen mit Lob und Kritik sein und brauchen keine Angst zu haben, mir zu nahe zu treten, da ich ein unabhängiger Forscher bin, der nichts mit dem Design dieser Site zu tun hat. Ich möchte genau erfahren, was SIE denken und nicht was Sie glauben, dass ich hören möchte.

Der gesamte Test wird etwa 15-20 Minuten dauern.

Haben Sie noch irgendwelche ragen bevor wir mit dem Test beginnen?"

Testszenario

„So legen wir los."

Spontaneous Looking Test

Start auf einer Landing Page: http://polstermöbel.de/willi-schillig/enjoy

„Sie werden nun eine Seite für einen kurzen Moment eingeblendet bekommen. Sie müssen nichts weiter tun als sich diese anzusehen.

Ich werde Ihnen nun ein paar Fragen zu der angezeigten Seite stellen.

Um welche Firma handelte es sich bzw. welchen Namen trug die Website?

Welches Produkt möchte die Site verkaufen?

Was ist Ihnen noch aufgefallen?"

Task-Oriented Looking Test

Start auf: *http://www.polstermöbel.de/*

„Für die restliche Sitzung möchte ich, dass Sie sich vorstellen, Sie möchte sich eine neue Couch anschaffen und Sie haben ihr Wunschmodell auf dieser Site gefunden. Sie haben sich dazu entschlossen sie zu kaufen und möchten jetzt die Bestellung durchführen.

Bitte kaufen Sie die angegebene Couch." (Testszenario aushändigen)

XXX

Zu erforschende Probleme	Erfolgskriterien
Wie einfach war es für den Probanden die Bestellung durchzuführen? ___ Keine Probleme ___ Falsche Abbiegungen, aber erfolgreicher Abschluss der Aufgabe ohne Hilfe – wie viele? ___ benötigte Hinweise ___ genau benötigte Erklärungen Wo ergaben sich Probleme?	• Sie haben die Bestellung durchgeführt und haben eine Bestellbestätigung erhalten. Es sind keinerlei Fragen offen. • Sie konnten die zu bestellende Couch finden und die gewünschten Eigenschaften im Konfigurator einstellen.

Was überraschte den Probanden? War es positiv oder negativ?
___ keine Überraschungen
___ Überrascht durch:
    ___ Positives?
    ___ Negatives?
Wie kam der Proband mit dem Konfigurator zurecht?
___ keine Probleme
___ es bestanden Fragen
___ er/sie benötigte Hilfe
___ er/sie brauchten genaue Erklärungen
	• Sie konnten problemlos alle Schritte und Formulare des Checkoutprozesses durchführen

Ende der Sitzung

„Nachdem Sie nun die Website benutzt haben…

Was war auf der Website zu sehen?	
Wie heißt die Firma?	
Hatte die Website einen Shop?	
Konnte man sich auf der Website registrieren?	
Was für eine Couch war zu sehen?	
Welche Farbe hatte die Couch?	

„Eine letzte Sache habe ich noch für Sie, bevor ich Sie entlassen kann. (Abschlussfragebogen aushändigen). Bitte lesen Sie jede Aussage laut vor und kreisen Sie dann ein, was Ihrer Meinung nach am ehesten zu trifft.

Abschlussfragen

Bitte bewerten Sie diese Aussagen von trifft nicht zu bis trifft absolut zu, indem Sie das Zutreffende einkreisen.

1. Ich konnte alle nötigen Informationen zum Kauf einer Couch auf dieser Website finden.

Trifft nicht zu	Trifft kaum zu	Weder noch	Trifft größtenteils zu	Trifft absolut zu

Warum oder warum nicht?

2. Ich konnte alles tun, was ich erwarten würde, auf einer solchen Website tun zu können.

Trifft nicht zu	Trifft kaum zu	Weder noch	Trifft größtenteils zu	Trifft absolut zu

Was haben Sie vermisst?

3. War die Website wenn Sie es im Ganzen betrachten, einfach zu bedienen?

Trifft nicht zu	Trifft kaum zu	Weder noch	Trifft größtenteils zu	Trifft absolut zu

Warum oder warum nicht?

Einige letzte Fragen dazu, wie Sie die Nutzung der Website empfanden. Bitte kreisen Sie wieder das Zutreffende ein.

Einfach	3	2	1	0	-1	-2	-3	Kompliziert
Freundlich	3	2	1	0	-1	-2	-3	Unfreundlich
Professionell	3	2	1	0	-1	-2	-3	Unprofessionell
Attraktiv	3	2	1	0	-1	-2	-3	Unattraktiv
Hohe Qualität	3	2	1	0	-1	-2	-3	niedrige Qualität
Es gefiel mir	3	2	1	0	-1	-2	-3	Es gefiel mir nicht
Verständlich	3	2	1	0	-1	-2	-3	Verwirrend

Datenmessungen

Quantitative Daten

Anzahl der vollkommen korrekt abgeschlossenen Aufgaben mit und ohne Hinweisen oder Hilfestellungen
Anzahl und Art der gegebenen Hinweise
Anzahl der unvollständigen Aufgaben

Qualitative Daten

Protokoll der „Methode des lauten Denkens"

Präferenzmessungen

Bewertungen und Begründungen :
    Nutzen der Website
    Angemessenheit der Website Funktionen
    Benutzerfreundlichkeit insgesamt

Einverständniserklärung

Im Rahmen meiner Bachelorarbeit mit dem Titel „*Einsatzmöglichkeiten und Grenzen einer Usability Software am Beispiel Tobii.*" führe ich, Danny Nauth, eine kleine Versuchsreihe durch, um die theoretisch erläuterten Kenntnisse und Vorgehensweisen meiner Arbeit an einem praktischen Beispiel zu demonstrieren. Die Ergebnisse dieser Studie wird dazu beitragen die Usability der zu untersuchenden Website zu verbessern.

Wenn Sie einverstanden sind an dieser Studie teilzunehmen, werden Sie von mir zur Benutzung der zu untersuchenden Website befragt und zu ihren Gedanken und Gefühlen während der Nutzung.

In dieser kurzen Sitzung werden Sie:

- Aufgefordert zwei Testversuche durchzuführen, die zum einen darin bestehen sich die Startseite kurz zu betrachten und zum anderen eine kurze Aufgabenstellung zu lösen.

- Anschließend wird ein kurzes Interview über die Testdurchführung mit Ihnen durchgeführt

- Abschließend bekommen Sie einen Abschlussfragebogen zum Ausfüllen

Die Dauer des Tests wird sich voraussichtlich auf 30-45 Minuten erstrecken. Dabei entstehen keinerlei Risiken für Sie. Ich möchte die von Ihnen erhaltenen Informationen mit denen der anderen Teilnehmer vergleichen, um Verbesserungsvorschläge für das Design der Website geben zu können.

Jegliche Informationen, die wir von Ihnen erhalten, werden vertraulich behandelt. So wird ihr Name nicht in Verbindung mit den erhaltenen Daten gebracht. Ihre Teilnahme ist vollkommen freiwillig. Sie können sich dazu entscheiden überhaupt nicht teilzunehmen, bestimmte Verfahren auszulassen oder bestimmte Fragen nicht zu beantworten, oder Ihre Teilnahme jederzeit ohne Strafe zu beenden. Die Einverständniserklärung und das Unterzeichnen dieses Dokumentes wirken sich in keinster Weise auf ihre Rechte aus.

Falls Sie noch Fragen auftreten, können Sie sich jeder Zeit an mich wenden.

Wenn Sie nun freiwillig an dieser Studie teilnehmen möchten und all ihre Fragen beantwortet sind, unterzeichnen Sie bitte nachfolgend.

_____   _____
Unterschrift   Datum

d. Testszenario:

Testszenario

Ausgangssituation:

Für die restliche Sitzung möchte ich, dass Sie sich vorstellen, Sie möchte sich eine neue Couch anschaffen und Sie haben ihr Wunschmodell auf dieser Site gefunden. Sie haben sich dazu entschlossen sie zu kaufen und möchten jetzt die Bestellung durchführen. Sie starten hierzu auf der Startseite von www.polstermöbel.de.

Aufgabe:

Bestellen Sie eine Couch der Marke „Willi Schillig". Es soll das Modell „15270 Enjoy" sein mit folgenden Eigenschaften:

- 2-Sitzer
- mit Armlehne links (221cm Länge)
- aus Leder
- mit dem günstigsten Bezug (1,1 – 1,3mm Stärke)
- in der Farbe Rot
- und Holzfüssen (12cm Breite)

Dazu möchten Sie noch einen Longchair rechts mit 2 Seitenteilen buchen, der zur Couch passt, sprich:

- aus Leder
- mit dem günstigsten Bezug (1,1 – 1,3mm Stärke)
- in der Farbe Rot
- und Holzfüssen (12cm Breite)

Als Zubehör soll die Couch zusätzlich eine Kopfbügelverstellung für ein Kopfteil haben, ebenfalls passend zur Couch:

- aus Leder
- mit dem günstigsten Bezug (1,1 – 1,3mm Stärke)
- in der Farbe Rot

- und Holzfüssen (12cm Breite)

Wenn Sie diese Couch mit den angegebenen Eigenschaften in ihrem Warenkorb haben, beenden Sie bitte die Bestellung mit dem „Bestellen"-Button. Das Bestellformular ist nicht weiter auszufüllen. Ich danke Ihnen für die Teilnahme an diesem Test.

BEI GRIN MACHT SICH IHR WISSEN BEZAHLT

- Wir veröffentlichen Ihre Hausarbeit, Bachelor- und Masterarbeit

- Ihr eigenes eBook und Buch - weltweit in allen wichtigen Shops

- Verdienen Sie an jedem Verkauf

Jetzt bei www.GRIN.com hochladen und kostenlos publizieren

Lightning Source UK Ltd.
Milton Keynes UK
UKHW010625030821
388241UK00001B/232